公務員試験論文答案集

・地方上級　・都庁

専門記述

行政法

公務員試験研究会

はしがき

公務員試験では、択一式試験のほかに専門記述試験が実施されており、この専門記述試験を苦手とする受験生は非常に多いといえます。

しかし、専門記述試験用の問題集はほとんど出ていないため、どうやって勉強してよいのかがわからないというのが大半の受験生の本音でしょう。

そこで、本書は、公務員の専門記述試験のみをターゲットとした問題を網羅的に出題し、これを解くことによって受験生のみなさんが独学で十分な専門記述対策をしていただけるよう作成しております。具体的には、**東京都Ⅰ類B（都庁）の過去問を中心にしつつ、都庁以外で出題されたテーマも考慮**した上で、今後出題が予想されるような形式で問題文を再構成したり、**オリジナル問題を補充**するなどして、出題が予想されるテーマの**網羅性を向上**させています。なお、特別区Ⅰ類については、専門記述試験は廃止されていますが、類似問題が他の職種で出題される可能性がありますので、本書では特別区Ⅰ類の過去問も掲載しております。

また、事例問題では、同一の事例で出題されませんから、すべて新作問題としていますが、重要かつ頻出論点を中心に出題しています。したがって、事例問題が出題される地方上級を受ける人は、まずは本編の一行問題で網羅的に基礎知識を付け、その基礎知識を基に第7章の事例問題を解くことで、どのような試験形式にも対応できるようになっております。

受験生のみなさんが本書をご活用の上、公務員試験に合格されますよう、心からお祈りしております。

平成27年12月

公務員試験研究会

本書の特長

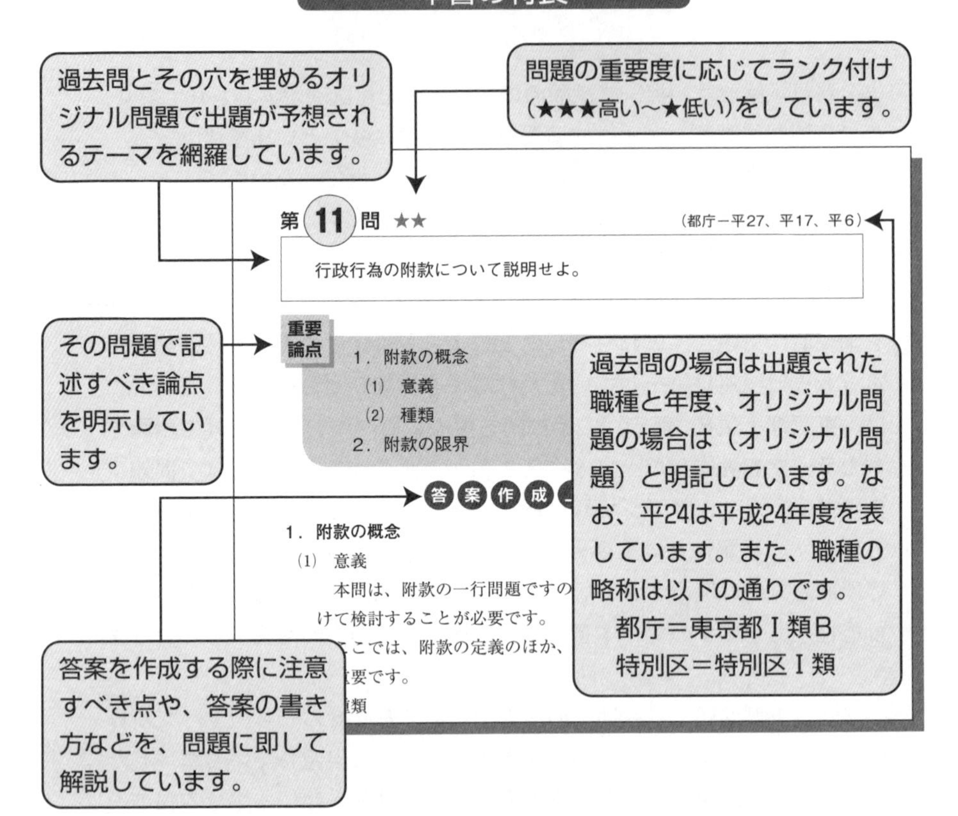

ポイント整理 附款の種類

	意義	具体例
条件	行政行為の効果を発生不確実な将来の事実にかからせる意思表示 ※条件成就により効果が発生する停止条件と、効果が消滅する解除条件がある	道路工事の開始の日から通行止めとすること（停止条件） 橋梁が完成するまで道路を通行止めとすること（解除条件）
期限	行政行為の効果を発生確実な将来の事実にかからせる意思表示	運転免許証の「平成28年１月１日まで有効」といった記載
	許可・認可などの授益的行政行為に…示で、相手方に特…もの	道路占用許可に付された占用料の納付・運転免許に付された眼鏡使用の限定
	…行政行為をするに	公物の占用許可にあたって撤回権を

その問題の重要論点について、表形式で整理していますので、答案に書く際に必要な知識がビジュアルで理解できるようになっています。

その問題と関連する判例の事案・結論・判旨をまとめています。

判例チェック　職員の期限付任用：最判昭38.4.2

事案	小学校教諭であったXは、退職後１年の期限付きで助教諭に採用され期間の更新を受けたが、後に退職を命じられた
結論	明文のない期限付き任用も許される
判旨	地方公務員法上、職員の身分を保障し、職務に専念させるため、職員の任用は無期限とするのが法の建前であるが、期限付任用を認める明文の規定

参考答案は、東京都Ⅰ類B対策として800字程度のもの（所要時間40分程度）、より理解を深めるためのものとして1200字程度のもの（所要時間60分程度）の２通りを掲載しています。

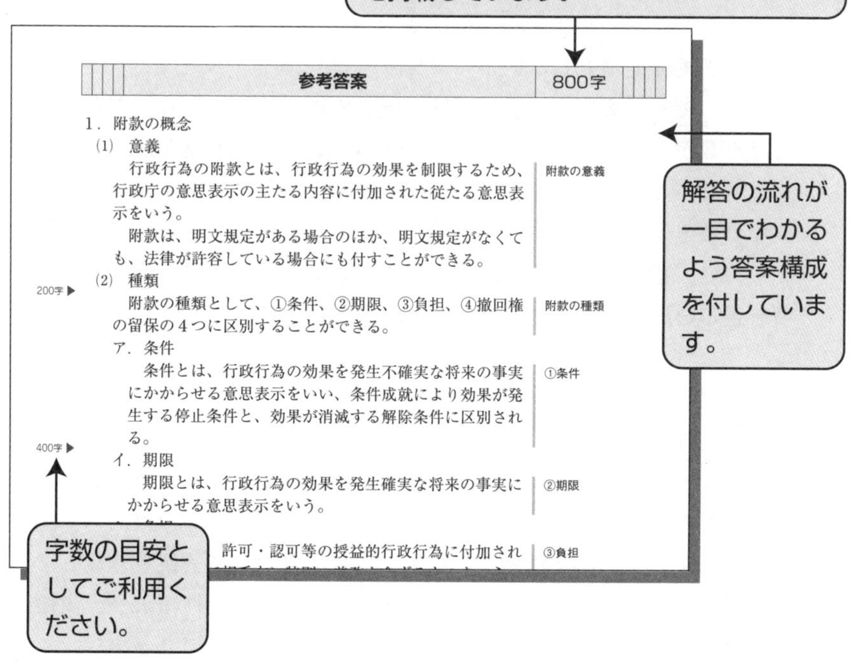
参考答案　800字

1．附款の概念

(1)　意義

行政行為の附款とは、行政行為の効果を制限するため、行政庁の意思表示の主たる内容に付加された従たる意思表示をいう。

附款は、明文規定がある場合のほか、明文規定がなくても、法律が許容している場合にも付すことができる。

(2)　種類

附款の種類として、①条件、②期限、③負担、④撤回権の留保の４つに区別することができる。

ア．条件

条件とは、行政行為の効果を発生不確実な将来の事実にかからせる意思表示をいい、条件成就により効果が発生する停止条件と、効果が消滅する解除条件に区別される。

イ．期限

期限とは、行政行為の効果を発生確実な将来の事実にかからせる意思表示をいう。

許可・認可等の授益的行政行為に付加され

専門記述攻略マニュアル

専門記述試験については、未だその対策が確立していないという受験生の方も多いのではないかと思います。そこで、以下では、専門記述試験の攻略法を解説していきます。専門記述試験の勉強の準備段階・学習の指針としてご利用ください。

1．満点を目指すより0点を避けよう！

専門記述試験は、解答を選べばよい択一式試験と異なり、自分で一から解答を作成しなければなりません。したがって、万が一まったく勉強していないテーマが出題されてしまうと、1行も書けないまま試験終了（0点）といった事態にもなりかねません。そこで、専門記述試験の勉強においては、**満点を狙い1問を完璧に仕上げることよりも、全部の問題について最低限のことは記述できるといった状態にしておくことが重要**です。つまり、「狭く深く」より「広く浅く」です。

2．参考答案は丸暗記しない！

本書の参考答案はあくまで「答案例」であり、この通りに書かなければ点数がもらえないというものではありません。重要なのは、大筋を外さないことです。本書では、参考答案の右端に答案構成（どのような事項をどのような順序で書くべきかを示したもの）を付けておりますので、**参考答案を丸暗記するのではなく、答案構成に示された事項を正しい順序で書けたかといった点を重視**して勉強してください。

3．問題文の指示に形式を合わせる！

専門記述試験では、「○○○について説明した上、△△△について論ぜよ」といったように、問題文において指示がなされる場合があります。このような場合、「1．○○○について」「2．△△△について」といったように、**必ず問題文の指示に形式を合わせて答案を作成**しましょう（できればタイトルを付けるとよいです）。これにより、出題者が意図している答案の筋から外れるのを防ぐことができます。

4．一行問題は定義・趣旨・内容の順で書く！

専門記述試験では、「○○○について説明せよ。」といったように、問題文が１行で終わってしまうような単純な説明問題（一行問題）も出題されます。このような一行問題が出題された場合、**定義・趣旨・内容の順で書く**ようにしましょう（専門書では大抵この順序で解説がなされているからです）。なお、内容としては、分類を書かせる場合と、要件・効果を書かせる場合が多いようです。

5．専門記述試験は時間との戦いである！

専門記述試験も「試験」である以上、時間制限があります。厳しいようですが、「もう少し時間があればちゃんと書けたのに」などという言い訳は通用しません。そこで、本試験で時間を少しでも節約するため、重要語句の定義・趣旨・内容などは、「手が勝手に動く」というくらいまで書けるようにしておく必要があります。本書では、徹底的に無駄を省き、専門記述試験に必要な知識をギリギリまで絞り込んでいますので、**本書の問題を繰り返し解くことで、重要語句については瞬時に定義・趣旨・内容を書けるようにしておきましょう**。時間不足の原因は大抵が知識不足であるということを肝に銘じておいてください。

目　次

第３章　行政不服審査法

第４章　行政事件訴訟法

第５章　国家賠償法・損失補償

第６章　情報公開法

第７章　事例問題演習

第1章
行政法総論

第1問 ★★

（オリジナル問題）

公法と私法の二元論について簡潔に説明した上で、行政上の法律関係に民法が適用されるかどうかについて論ぜよ。

会計法30条

金銭の給付を目的とする国の権利で、時効に関し他の法律に規定がないものは、５年間これを行わないときは、時効に因り消滅する。国に対する権利で、金銭の給付を目的とするものについても、また同様とする。

重要論点

1．公法私法二元論

2．行政上の法律関係と民法の適用

⑴　公法私法二元論の影響と個別法の解釈論

⑵　具体例

ア．民法177条

イ．消滅時効

1．公法私法二元論

問題文に「公法と私法の二元論について簡潔に説明した上」とありますので、まずは公法と私法の二元論について記述する必要があります。その際、「公法と私法の二元論」というタイトルを付けておくと、採点者に対し問題文に正面から答えているという印象を与えることができてよいでしょう。なお、公法私法二元論は問題文に「簡潔に説明した上」とあり、あくまで前提論点ですから、この部分が長くなりすぎないようにすることも重要です。

2．行政上の法律関係と民法の適用

次に、「行政上の法律関係と民法の適用」について記述することになりますが、後段は、前段を受けて出題されていますから、公法私法二元論との関係を意識した論述をすることが望まれます。ただ、論述に際しては、個別法の仕組みを解釈して、行政上の法律関係について民法が適用されるかどうかを決定するのが通説・実務であることを明示することが重要です。

3．行政上の法律関係と民法の適用の具体例

問題文に参照条文として、短期消滅時効を規定する会計法30条が掲載されていますから、具体例を検討する際には、消滅時効に関する判例（最判昭50.2.25）については、必ず触れておいてほしいところです。

ポイント整理 行政上の法律関係と民法の関係

	具体例	
民法177条（対抗関係）の適用	否定例	自作農創設特別措置法に基づく農地買収処分（最大判昭28.2.18）
	肯定例	租税滞納処分による差押え（最判昭35.3.31）
民法167条1項（消滅時効）の適用	肯定例	①安全配慮義務違反に基づく損害賠償請求権の消滅時効期間（最判昭50.2.25） ②供託金の払渡請求権の消滅時効（最大判昭45.7.15）
民法108条（双方代理）の適用	肯定例	普通地方公共団体の長が当該普通地方公共団体を代表して行う契約の締結行為（最判平16.7.13）
民法234条1項（相隣関係）の適用	建築基準法65条が民法234条1項に優先して適用される（最判平元.9.19）	
公営住宅の使用関係	公営住宅法及びこれに基づく条例に特別の定めがない限り、原則として民法及び借家法の適用があり、信頼関係の法理の適用がある（最判昭59.12.13）	

判例チェック 安全配慮義務違反に基づく損害賠償請求権の消滅時効期間：最判昭50.2.25

事案	自衛隊駐屯地で車両整備をしていた自衛官が、同僚職員が運転する車両に轢かれ死亡した
結論	損害賠償請求は認められる
判旨	①安全配慮義務との関係：安全配慮義務は、国と公務員との間においても認められる ②消滅時効期間：安全配慮義務違反に基づく損害賠償請求権の消滅時効期間は会計法30条の5年ではなく、民法167条1項により10年である

参考答案　800字

1．公法と私法の二元論

公法私法二元論とは、実定法を公法と私法に二分し、ある法律関係が公法関係か私法関係かによって結論を演繹する解釈方法のことをいう。

公法私法二元論の意義

現在では、国家権力を正当化し擁護する機能を有していた過去から決別すべく、公法私法二元論を否定し、公法の特殊性を可能な限り希薄化しようとしている。

公法私法二元論の否定

200字▶

2．行政上の法律関係と民法の適用

(1) 行政上の法律関係への民法適用の可否

公法私法二元論の下では、行政上の法律関係については、公法が適用されるものとされていた。

公法私法二元論の影響

しかし、現在では、個別法の仕組みを解釈して、行政上の法律関係について、民法が適用される場合と、民法とは異なる法律が適用される場合とを決定している。

個別法の仕組みの解釈

400字▶

(2) 具体例

ア．民法177条

最高裁判例によれば、自作農創設特別措置法に基づく農地買収処分について、民法177条の適用を否定しているが、租税滞納処分による差押えについては、民法177条の適用を肯定している。

行政上の法律関係と民法177条

イ．消滅時効

600字▶

会計法30条は、金銭の給付を目的とする国の権利及び国に対する権利の消滅時効の期間は５年である旨規定する。

しかし、最高裁判例によれば、国に対する安全配慮義務違反に基づく損害賠償請求権は、民法167条１項の適用により、10年の消滅時効にかかるとしている。

会計法30条と民法167条１項

以上

800字▶

参考答案　1200字

1．公法と私法の二元論

公法私法二元論とは、実定法を公法と私法に二分し、ある法律関係が公法関係か私法関係かによって結論を演繹する解釈方法のことをいう。

公法私法二元論の意義

公法私法二元論は、明治憲法下において、私法に対する関係で公法の特徴を強調することによって国家権力を正当化し

公法私法二元論の否定

擁護する機能を有していた。

そこで、戦後の行政法学では、そうした過去から決別すべく、公法私法二元論を否定し、公法の特殊性を可能な限り希薄化しようとしている。

200字▶

2．行政上の法律関係と民法の適用

(1) 行政上の法律関係への民法適用の可否

公法私法二元論の影響

公法私法二元論の下では、行政上の法律関係（行政主体と国民の間の法律関係）については、公法が適用されるものとされていた。

400字▶

個別法の仕組みの解釈

しかし、現在では、個別の局面でどのような法を適用するのかといった実定法令の具体的な解釈が必要とされている。したがって、行政上の法律関係は、私人間の法律関係と同じく民法が適用される場合がある一方、民法とは異なる法律が適用される場合もある。

(2) 具体例

ア．民法177条

600字▶

農地買収処分と民法177条

最高裁判例は、自作農創設特別措置法に基づく農地買収処分について、民法177条の規定は適用されないとした。

租税滞納処分と民法177条

しかし、その後、租税滞納処分による差押えについて、国の地位は民事法上の強制執行における差押債権者の地位に類するとの解釈により、民法177条が適用されるとしている。

800字▶

イ．消滅時効

会計法30条と民法167条１項

会計法30条は、金銭の給付を目的とする国の権利及び国に対する権利の消滅時効の期間は５年である旨規定する。

しかし、最高裁判例によれば、国に対する安全配慮義務違反に基づく損害賠償請求権は、民法167条１項の適用により、10年の消滅時効にかかるとしている。

1000字▶

会計法30条は、国の権利義務の早期決済の必要性など行政上の便宜を考慮して短期消滅時効を定めたものであり、被害者への損害填補を目的とした損害賠償請求権は、行政上の便宜を考慮すべき金銭債権ではないとの解釈により、民法167条１項が適用されるとしたのである。

以上

1200字▶

第２問 ★★★

（オリジナル問題）

法律による行政の原理について説明せよ。

重要論点

1．法律による行政の原理
2．法律の法規創造力
3．法律の優位
4．法律の留保
 (1) 意義
 (2) 法律の留保の及ぶ範囲

1．法律による行政の原理

本問のように法律上のキーワードが示されている一行問題では、まず採点者に理解していることをアピールするためにも、定義を正確に論述することが重要です。

その上で、法律による行政の原理の内容として、①法律の法規創造力、②法律の優位、③法律の留保の３つがあることを示すことが重要です。

2．法律の法規創造力

法律の法規創造力は、現在、当然のこととされていますので、定義と根拠を示す程度でよいでしょう。

3．法律の優位

法律の優位も、法律の法規創造力と同様、当然のこととされていますので、定義と根拠を示す程度でよいでしょう。

4．法律の留保

(1) 意義

ここでは、前に論述した「法律の法規創造力」と「法律の優位」との違いを示すためにも、法律の留保の定義をしっかり示すことが重要です。

その際には、次に検討する「法律の留保の及ぶ範囲」が重要論点ですので、法律の留保の「意義」と「範囲」で項目を分けて論じると、採点者に整理できていることをアピールすることができるでしょう。

(2) 法律の留保の及ぶ範囲

法律の留保の及ぶ範囲については、学説上、多種多様な見解があるところですので、具体例を提示しながら、有名な他説もあげて検討することが重要です。

ここでは、侵害留保説が通説・実務ですので、その内容を指摘することは必須です。

ポイント整理 法律の留保の及ぶ範囲

		侵害留保説	全部留保説	権力留保説
意　義		侵害行政について法律の根拠が必要	すべての行政活動について法律の根拠が必要	権力的な行政形式を用いる行政活動について法律の根拠が必要
権力的	侵害	必　要	必　要	必　要
	給付	不　要	必　要	必　要
非権力的	侵害	不　要	必　要	不　要
	給付	不　要	必　要	不　要

判例チェック 浦安漁港鉄杭撤去事件：最判平3.3.8

事案	町長は河川法等の占用許可を受けずに設置されたヨット係留用鉄杭を撤去するため公金を支出した
結論	鉄杭の撤去は法律の根拠がなかったとしても違法ではなく、公金支出は違法ではない
判旨	町長が本件鉄杭撤去を強行したことは、漁港法及び行政代執行法上適法ではないが、緊急の事態に対処するためにとられたやむを得ない措置であり、そのための公金支出は違法ではない

参考答案 800字

1．法律による行政の原理

法律による行政の原理とは、行政が国民の代表によって作られた法律に従って行われなければならないとする原理をいい、その内容として、以下の３つがあげられる。

法律による行政の原理

2．法律の法規創造力

法律の法規創造力とは、法律によってのみ人の権利義務を左右する法規を創造できるとする原則をいう。

①法律の法規創造力

200字▶

この法律の法規創造力は、国会を国の唯一の立法機関としている憲法41条から承認されているといえる。

3．法律の優位

法律の優位とは、法律の規定と行政活動が抵触する場合、法律が優位し、違法な行政活動は無効になる原則をいう。

②法律の優位

この法律の優位は、国会を国権の最高機関であり国の唯一の立法機関とする憲法41条によって根拠付けられる。

4．法律の留保

400字▶

(1) 意義

法律の留保とは、行政活動が行われるためには法律の根拠が必要であるとする原則をいう。

③法律の留保

(2) 法律の留保の及ぶ範囲

この点、法律の留保の目的が国民の権利利益の保護にある以上、法律の根拠は、侵害行政では必要であるが、給付行政では不要であると考える（侵害留保説）。

侵害留保説

600字▶

その他にも、すべての行政活動に法律の根拠が必要であるとの見解（全部留保説）や、権力的な行政活動に法律の根拠が必要であるとする見解（権力留保説）がある。

全部留保説・権力留保説

前者は、給付行政について法律の根拠が必要となり、行政の自由度が害され、後者では、今日、重要性を増す行政指導について法律の根拠が不要となる。

以上

800字▶

参考答案 1200字

1．法律による行政の原理

法律による行政の原理とは、行政が国民の代表によって作られた法律に従って行われなければならないとする原理をいう。

法律による行政の原理

その内容として、①法律の法規創造力、②法律の優位、③法律の留保の３つがあげられる。

2．法律の法規創造力

200字▶ 法律の法規創造力とは、法律によってのみ人の権利義務を左右する法規を創造できるとする原則をいう。 ①法律の法規創造力

日本国憲法は、国会を国の唯一の立法機関としていることから（41条）、法律の法規創造力の原則は、憲法上明示的に承認されているといえる。

3．法律の優位

法律の優位とは、法律の規定と行政活動が抵触する場合、法律が優位し、違法な行政活動は無効になる原則をいう。 ②法律の優位

400字▶

この法律の優位は、国会を国権の最高機関であり国の唯一の立法機関とする憲法41条によって根拠付けられる。

4．法律の留保

(1) 意義

法律の留保とは、行政活動が行われるためには法律の根拠が必要であるとする原則をいう。 ③法律の留保

(2) 法律の留保の及ぶ範囲

600字▶

ア．行政活動には、個人の権利を制約し義務を課すもの（侵害行政）や、個人に便益を与えるもの（給付行政）など種々様々存在し、いかなる行政活動について、法律の根拠が必要かが問題となる。 法律の留保の及ぶ範囲（問題提起）

イ．この点、法律の留保の目的が国民の権利利益を保護することにあることから、侵害行政については法律の根拠が必要であるのに対して、給付行政については法律の根拠は不要であると考える。 侵害留保説

800字▶

ウ．これに対して、行政に対する民主的コントロールを重視する立場から、侵害行政、給付行政を問わず、すべての行政活動に法律の根拠が必要であるとの見解もある。 全部留保説

しかし、給付行政については、行政の自由度を高めておく方がむしろ国民の利益になるから、法律の根拠は不要である。

1000字▶

エ．そこで、行政活動の自由領域の確保と民主的コントロールの必要性の調和の見地から、権力的な行政活動について法律の根拠が必要であるとする見解がある。 権力留保説

この見解によると、今日、重要性を増す行政指導のような非権力的行政活動のすべてに法律の根拠が不要となる。

以上

1200字▶

第3問 ★★★

（オリジナル問題）

法律による行政の原理と信義則との関係について説明せよ。

重要論点

1．行政上の法律関係と信義則
2．法律による行政の原理との抵触が生ずる場合
　(1) 租税法律主義と信義則
　(2) 租税法律主義以外の例
3．法律による行政の原理との抵触が生じない場合
　(1) 計画変更と補償
　(2) 違法な先行行為

1．行政上の法律関係と信義則

本問は、法律による行政の原理と信義則との関係に関する問題です。具体的には、法律による行政の原理からすれば、違法な行政上の法律関係は認められないということになりますが、その状態を信頼した者の保護との調整が問題となります。

ここでは、法律による行政の原理と信義則との調整問題であることを指摘できるかどうかが重要です。

2．法律による行政の原理との抵触が生ずる場合

(1) 租税法律主義と信義則

租税法律関係においては、法律による行政の原理、租税法律主義の原則が厳格に貫かれるべきであるから、信義則の適用は慎重でなければならないとされています。

最高裁判例（最判昭62.10.30）があるところですので、しっかり指摘することが必要です。

(2) 租税法律主義以外の例

租税以外の分野では、相手方の信頼がより保護されるべきですので、信義則が適用されることを指摘する必要があります。

3．法律による行政の原理との抵触が生じない場合

法律による行政の原理との抵触が生じない場合には、柔軟に信義則が適

用されることを指摘する必要があります。

ここでは、企業誘致施策と信頼の保護（最判昭56.1.27）、裁量権行使における信義則上の制約（最判平8.7.2）に関して判例がありますので、必ず指摘する必要があります。

判例チェック　租税法律主義と信義則：最判昭62.10.30

事案	酒類販売業を営むXは青色申告を続けてきたが、先代が青色申告の承認を得ていなかったため、税務署長Yは更正処分を行った
結論	租税法律関係では信義則の適用は慎重であるべきである
判旨	法律による行政の原理・租税法律主義の原則が貫かれるべき租税法律関係では、租税法規の適用における納税者間の平等、公平という要請を犠牲にしてもなお当該課税処分に係る課税を免れしめて納税者の信頼を保護しなければ正義に反する特別の事情がある場合に信義則は適用されるべきである

判例チェック　企業誘致施策と信頼の保護：最判昭56.1.27

事案	地方公共団体の企業誘致施策が変更されたことにより、X社が損害を被ったため、国家賠償請求を行った
結論	地方公共団体は不法行為責任を負う
判旨	行政主体が社会情勢の変動等に伴って施策を変更することがあるが、施策に応じた特定の者が社会観念上看過することのできない程度の積極的損害を被る場合に、損害を補償するなど代償的措置を講ずることなく施策を変更した行政主体は、それがやむをえない客観的事情によるのでない限り不法行為責任を負う

参考答案　800字

1．意義

信義則は、民法上の原則であるが（民法１条２項）、法律関係全般に妥当性をもつ一般原則として、行政上の法律関係にも適用される。

意義

法律による行政の原理からすれば、違法な行政上の法律関係は、適法性を回復させるため消滅させなければならないが、それでは、違法な行政活動を信頼して行動した私人の利益が害されるおそれがある。

200字▶

そこで、法律による行政の原理と相手方の信頼保護の利益の調整が必要となる。

法律による行政の原理と相手方の保護

2．法律による行政の原理との抵触が生ずる場合

(1)　租税法律主義と信義則

租税法律関係においては、法律による行政の原理、租税法律主義の原則が貫かれるべきであるから、信義則の適用は、納税者間の平等、公平という要請を犠牲にしても、納税者の信頼を保護すべき特別の事情がある場合に限り認められる。

400字▶

租税の分野と信義則

(2)　租税法律主義以外の例

租税以外の分野では、法律による行政の原理よりも信頼関係を優先して信義則の適用を肯定した例がある。

租税以外の分野と信義則

3．法律による行政の原理との抵触が生じない場合

法律による行政の原理との抵触が生じない場合には、相手方の信頼を保護すべく、柔軟に信義則の適用が認められる。

600字▶

信義則の適用

例えば、地方公共団体が当初の計画を変更した場合、計画変更により損害を被った相手方に対して、信義則上、損害填補責任を負うほか、裁量権の行使について信義則上の制約がかかることも認められる。

具体例

以上

800字▶

参考答案　1200字

1．意義

信義則は、民法上の原則であるが（民法１条２項）、法律関係全般に妥当性をもつ一般原則として、行政上の法律関係にも適用される。

意義

法律による行政の原理からすれば、違法な行政上の法律関係は、適法性を回復させるため消滅させなければならない

法律による行政の原理と相手方の保護

が、それでは、違法な行政活動を信頼して行動した私人の利益が害されるおそれがある。

200字▶

そこで、法律による行政の原理と相手方の信頼保護の利益の調整が必要となる。

２．法律による行政の原理との抵触が生ずる場合

(1) 租税法律主義と信義則

租税の分野と信義則

租税法律関係においては、法律による行政の原理、租税法律主義の原則が貫かれるべきであるから、信義則の適用は慎重でなければならない。

400字▶

したがって、納税者間の平等、公平という要請を犠牲にしても、納税者の信頼を保護すべき特別の事情がある場合に限り、信義則は適用される。

(2) 租税法律主義以外の例

租税以外の分野と信義則

租税以外の分野では、法律による行政の原理よりも信頼関係を優先して信義則の適用を肯定した例がある。

600字▶

例えば、行政機関により長年国民年金の受給権者としての取扱いがされてきた場合には、実定法上受給要件を欠いていても、国民年金の受給拒否は許されない。

３．法律による行政の原理との抵触が生じない場合

信義則の適用

(1) 法律による行政の原理との抵触が生じない場合には、相手方の信頼を保護すべく、柔軟に信義則の適用が認められる。

800字▶

(2)ア．計画変更と補償

計画変更と補償

企業誘致を推進してきた地方公共団体において、誘致反対派の長が当選し、企業進出の協力を拒否した場合には、政策の変更自体は許されるとしても、企業が被った損害を填補する責任が信義則上地方公共団体に生じる。

イ．違法な先行行為

違法な先行行為と信義則

行政庁の先行行為が違法である場合に、後行行為での裁量権の行使に信義則上、制約がかかることがある。

1000字▶

例えば、法務大臣による在留資格変更後の在留期間更新不許可処分について、「日本人の配偶者等」の在留資格による在留期間の更新申請を本人の意思に反して「短期滞在」に変更する旨の申請があったとした在留資格変更の経緯を考慮していないとして、裁量権の逸脱・濫用を認定している。

以上

1200字▶

第4問 ★★

（都庁－平22）

行政立法について、その意義を述べた上で、法規命令と行政規則とに分けて説明せよ。

重要論点

1．行政立法の意義
2．法規命令
 (1) 意義・種類
 (2) 執行命令
 (3) 委任命令
3．行政規則

1．行政立法の意義

問題文に「行政立法について、その意義を述べた上で」とありますので、まずは行政立法の意義について記述する必要があります。

また、問題文には、「法規命令と行政規則とに分けて」とありますので、法規命令と行政規則が国民の権利義務に関わるものかどうかにより区別されることも指摘できるとよいでしょう。

2．法規命令

(1) 意義・種類

問題文に「法規命令」というキーワードが掲げられていますので、まず法規命令の定義を正確に書きましょう。

(2) 執行命令

ここでは、まず執行命令の定義をあげた上で、法律の根拠が不要であること（通説）を指摘すれば十分でしょう。

なお、近時、執行命令と委任命令との区別を否定し、執行命令においても法律の根拠を必要とする見解も主張されるようになっています。

(3) 委任命令

まず委任命令の定義については、「法律の委任を受けて」というキーワードを示すことが重要です。

ここで重要なのは、①そもそも委任が許されるのか（委任する法律に関する問題－委任命令の必要性、憲法73条６号の存在、そして国会中心立法の原則との関係での包括的白紙委任の禁止)、②許されるとして（個別具体的委任であることを前提として)、委任を受けた行政庁が委任の趣旨に従って命令を制定しているかどうか（委任された命令側の問題）の２点が問題となることを指摘できるかどうかです。

３．行政規則

ここでも、行政規則を理解していることをアピールするためにも、「行政内部で用いられる基準」、「国民の権利義務に関わらない」ことを定義で示すことが必要です。その上で、法律の根拠なく定立できること、行政規則の具体例を指摘できるかどうかが重要です。

ポイント整理 行政立法

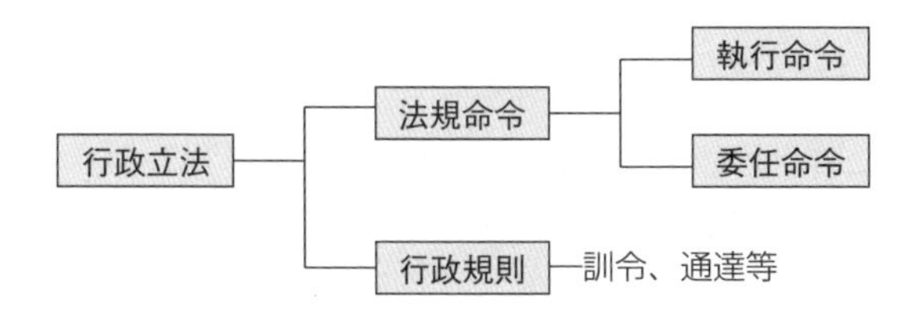

判例チェック 猿払事件：最大判昭49.11.6

事案	郵便局勤務の国家公務員が特定政党を支持する目的でポスターの掲示や配布をして国家公務員法違反に問われた
結論	国家公務員法102条１項が禁止する政治的行為を広範に人事院規則に委任しているとしても合憲である
判旨	人事院規則は、国家公務員法102条１項に基づき一般職に属する国家公務員の職責に照らして必要と認められる政治的行為の制限を規定したものであるから違法、違憲の点は認められない

参考答案　800字

1．行政立法の意義

行政立法の意義

行政立法とは、行政機関が定立する規範をいう。

これは、大綱的な定めの法律の規定を受けて、行政機関が細部・技術的事項につき具体性をもった規範を定立し、行政の弾力的な運用を可能にするものである。

行政立法は、①法規命令と②行政規則に分類される。

2．法規命令

法規命令

200字▶

(1)　法規命令とは、行政機関の定める国民の権利義務に関する規範をいい、執行命令、委任命令、独立命令に分類される。

このうち、独立命令は、国会を「唯一の立法機関」とする憲法41条に違反するため認められない。

執行命令

(2)　執行命令とは、法律の存在を前提として、当該法律を具体的に実施するために必要な事項を定める命令をいう。

400字▶

この執行命令は、権利義務の内容を新たに定立するものではないから、法律の根拠は不要である。

委任命令

(3)　委任命令とは、法律の委任により、新たに国民の権利義務の内容自体を定める命令をいう。

白紙委任は、憲法41条に違反して許されないが、委任事項を個別的・具体的に定める場合には、憲法の枠内で認められた委任として許される。また、委任が個別具体的であることを前提に、委任を受けた行政庁は、委任の趣旨に従った命令を制定することになる。

600字▶

3．行政規則

行政規則

行政規則とは、行政内部で用いられる基準で、国民の権利義務に関わらない行政規範をいう。

行政規則は、訓令・通達（訓令が書面化されたもの）、内規、要綱などの形式で定めることができる。

以上

800字▶

参考答案　1200字

1．行政立法の意義

行政立法の意義

行政立法とは、行政機関が定立する規範をいう。

これは、大綱的な定めの法律の規定を受けて、行政機関が細部・技術的事項につき具体性をもった規範を定立し、行政の弾力的な運用を可能にするものである。

行政立法は、国民の権利義務に関わるものかどうかにより、①法規命令と②行政規則に分類される。

200字▶

2．法規命令

(1) 意義

法規命令

法規命令とは、国民の権利義務に関係する法規範をいい、執行命令、委任命令、独立命令に分類される。

このうち、独立命令（立法機関である議会から独立して出される命令）は、国会を「唯一の立法機関」とする憲法41条に違反し、認められない。

(2) 執行命令

400字▶

執行命令

執行命令とは、法律の存在を前提として、当該法律を具体的に実施するために必要な事項を定める命令をいう。

この執行命令は、権利義務の内容を新たに定立するものではないから、法律の根拠は不要である。

(3) 委任命令

委任命令

委任命令とは、法律の委任により、新たに国民の権利義務の内容自体を定める命令をいう。

600字▶

この委任命令は、権利義務の内容を新たに定立するものであるから、委任命令を認める根拠と限界が問題となる。

この点、専門技術的事項への対応の必要性、憲法73条6号ただし書の存在から、法律の委任も許される。

もっとも、国会中心立法の原則（憲法41条）に照らし、包括的白紙委任は許されず、委任事項を個別的・具体的に定めなければならない。また、委任が個別具体的であることを前提に、委任を受けた行政庁は、委任の趣旨に従った命令を制定しなければならない。

800字▶

3．行政規則

行政規則

行政規則とは、行政内部で用いられる基準で、国民の権利義務に関わらない行政規範をいう。

行政規則は、行政の内部的な定めにすぎず、法律による行政の原理は及ばないから、行政機関は、法律の根拠なく行政規則を定立できる。

1000字▶

行政規則は、訓令・通達（訓令が書面化されたもの）の形式で定められるもののほか、行政機関の内部基準として、法律の解釈を示す基準（解釈基準）、行政裁量の行使の基準（裁量基準）、行政指導の基準（行政指導指針）、補助金や融資の基準（給付基準）などがある。

以上

1200字▶

第5問 ★★

（オリジナル問題）

通達について説明せよ。

重要論点

1．通達の意義
2．通達の法的性質
3．通達の法的性質の再検討

1．通達の意義

本問は、通達の一行問題ですので、まず、意義を検討することになります。その際には、「上級行政機関の下級行政機関に対する命令」というキーワードをしっかり示す必要があります。

そして、①通達が認められる理由として行政の統一性の必要、②現代行政における通達の重要性を指摘することが必要です。

2．通達の法的性質

ここでは、通達が行政規則であり、法規ではないことを指摘することが重要です。

その上で、従来、通達の内部的行為性から、①法律の根拠を必要としないこと、②通達違反は、国民との関係で処分の違法を直ちに帰結しないこと、③通達は取消訴訟の対象とならないといわれてきたことを指摘することが必要です。

3．通達の法的性質の再検討

現在、通達が国民生活に与える影響の大きさから、①通達による慣行の尊重、②通達による審査基準の設定と平等原則、③通達に対する取消訴訟の許容が議論されています。

とくに、①は通達課税事件最高裁判決（最判昭33.3.28）、③は墓地埋葬事件最高裁判決（最判昭43.12.24）がありますので、必ず指摘する必要があります。

ポイント整理　通達の法的性質

	＜従来の法理＞	＜再検討論＞
通達の法的性質	①法律の根拠なく、随時発令・改廃できる	①通達による慣行の尊重 →確立した法解釈の変更は、通達の改正ではなく、法改正による
	②行政庁が国民に対し通達に違反する処分をしても、直ちに違法とはならない	②通達による審査基準の設定 →同種の処分が特定の人に対してのみ通達に違反して行われ不利益な結果をもたらす場合には、平等原則違反の問題となりうる
	③違法な通達により国民に不利益が及んでも、通達そのものに対して直接訴訟を提起し争うことはできない	③通達に対する訴訟の許容性 →通達の影響で直接重大な不利益を被る場合には、通達に対する行政訴訟の提起を例外的に許容すべきである

判例チェック　墓地・埋葬等に関する通達：最判昭43.12.24

事案	行政庁Ａは、他の宗教信者の埋葬拒否は墓地埋葬法13条の「正当の理由」に当たらない旨の通達をしたため、Ｘ寺院が通達の取消訴訟を提起した
結論	通達に反する処分をしても有効
判旨	①通達の効力：通達は、法規の性質をもたないから、行政機関が通達の趣旨に反する処分をしたとしても、その処分の効力は左右されない ②通達と裁判所：裁判所は通達に拘束されずに、通達に示された法令の解釈とは異なる独自の解釈及び違法の判定をすることができる

判例チェック　通達課税事件：最判昭33.3.28

事案	パチンコ球遊器について約10年間にわたり非課税の取扱いが続いた後に、法定の課税対象物品に該当する旨の通達が発せられたため、Ａ税務署長Ｂは、Ｘに物品課税処分を行った。
結論	本件処分は有効
判旨	課税がたまたま諸論通達を機縁として行われたものであっても、通達の内容が法の正しい解釈に合致するものである以上、本件課税処分は法の根拠に基づく処分である

参考答案　800字

1．意義

通達とは、上級機関が関係下級機関・職員に対してその職務権限の行使を指揮する等のために発する命令をいう。

通達の意義

通達は、行政の運営が異ならないように、その内容を統一する必要性から発せられるものであり、現代行政が複雑になるにつれ、その重要性が増している。

2．通達の法的性質

通達は、行政規則であり、行政主体と国民間の権利義務について規律する法規ではない。

法的性質

200字▶

したがって、①通達は、法律の根拠なく、発令・改廃でき、②行政庁が国民に対し通達に違反する処分をしても、その処分は通達違反にとどまり、直ちに違法とはならないし、③裁判所は、法令の解釈適用にあたって、通達に示された法令の解釈と異なる独自解釈をすることができる。

3．法的性質の再検討

400字▶

(1) 通達により、突然課税されることとなったとしても、法の正しい解釈に合致する以上、租税法律主義に違反しないとする最高裁判決がある。

法的性質の再検討

しかし、確立した法解釈の変更は、法的安定を図るべく、通達の改正ではなく、法律改正によるべきである。

(2) ある種の行政処分が通達に即して大量に反復して実施されるのに、特定の人に対する処分が通達に反してなされた場合には、平等原則違反になりうる。

600字▶

(3) かつて、墓地埋葬等に係る通達の事例に関して、取消訴訟の対象とならないとされた。

しかし、通達の影響で直接重大な不利益を被り、通達を争わなければ不利益を免れない場合には、取消訴訟の対象となるとした下級審裁判例がある。

以上

800字▶

参考答案　1200字

1．意義

通達とは、上級機関が関係下級機関・職員に対してその職務権限の行使を指揮する等のために発する命令をいう。

通達の意義

通達は、行政の運営が異ならないように、その内容を統一する必要性から発せられるものであり、現代行政が複雑になるにつれ、その重要性が増している。

２．通達の法的性質

⑴　法的性質

法的性質

200字▶

通達は、上級監督庁の監督権に基づき発する命令として、行政機関内部でのみ効力をもつ内部的規範たる行政規則であり、行政主体と国民間の権利義務について規律する法規ではない。そこで、従来、この通達の内部行為的性質を重視して、以下の３つの法理が提示されてきた。

⑵ア．通達は、国民の法的地位に直接影響を及ぼすものではないから、法律の根拠なく、発令・改廃できる。

400字▶

イ．通達は、法規ではないから、行政庁が国民に対し通達に違反する処分をしても、その処分は通達違反にとどまり、直ちに違法とはならない。

ウ．行政機関が通達の趣旨に反する処分をした場合でも、処分の効力は左右されないし、また、裁判所は、法令の解釈適用にあたって、通達に示された法令の解釈と異なる独自解釈が可能である。

600字▶

３．法的性質の再検討

法的性質の再検討

⑴　現在の行政は、通達が変わることにより、各行政庁の扱いが一斉に変更され、国民生活に重大な影響が及ぶこともあるため、外部的効果を認めるよう再検討されている。

⑵ア．通達による慣行の尊重

通達により、突然課税されることとなったとしても、法の正しい解釈に合致する以上、租税法律主義に違反しないとする最高裁判決がある。

800字▶

しかし、確立した法解釈の変更は、法的安定を図るべく、通達の改正ではなく、法律改正によるべきである。

イ．通達による審査基準の設定

ある種の行政処分が通達に即して大量に反復して実施されるのに、特定の人に対する処分が通達に反してなされた場合には、平等原則違反になりうる。

1000字▶

ウ．通達に対する訴訟の許容

かつて、墓地埋葬等に係る通達の事例に関して、取消訴訟の対象とならないとされた。

しかし、通達の影響で直接重大な不利益を被り、通達を争わなければ不利益を免れない場合には、取消訴訟の対象となるとした下級審裁判例がある。

以上

1200字▶

（特別区－平２）

行政法学上の許可と認可について説明せよ。

重要論点

1．許可
- ⑴ 意義
- ⑵ 行為の性質
- ⑶ 無許可の法律行為の効果

2．認可
- ⑴ 意義
- ⑵ 行為の性質
- ⑶ 無認可の法律行為の効果

1．許可

⑴ 意義

本問は、許可と認可の説明に関する問題です。

答案構成としては、①許可と認可の共通点と相違点とを検討する方法、②許可と認可とを分けて、それぞれの問題点を検討する方法などがあります。どちらでも問題はありませんが、共通点と相違点を探す①の方法よりも、②の方法の方が迷わず論述できることから、本書では②の方法を採用しています。

⑵ 行為の性質

ここでは、主として裁量の広狭を論じる必要があります。その際には、許可は自由の回復行為という側面から、行政庁の裁量の幅は狭くてもよいことの指摘が必要です。

⑶ 無許可の法律行為の効果

許可制は、本来自由であるはずの行為が前提ですので、無許可で行った行為であっても有効となることを指摘する必要があります。

2．認可

⑴ 意義

ここでは、認可の特質として、「私人間で締結された法律行為を補充」、

「法律上の効果を完成」の２つのキーワードを示せるかが重要です。

そして、本問のような一行問題では、農地権利移転の許可などの具体例を指摘して、論述が抽象的にならないような工夫も必要です。

⑵　行為の性質

ここでは、主として裁量の広狭を論じる必要があります。その際には、認可は裁量行為とされることが多いことの指摘が必要です。

また、認可は、政策的な見地から、行政庁の責任ある権限行使を予定していることの指摘も重要です。

⑶　無認可の法律行為の効果

法律で認可が要件とされているのに、認可を受けないで行われた契約等は無効です。

また、認可はあくまで本体である私人の法律行為を補充する行為にすぎませんから、本体である私人の法律行為に瑕疵があるときは、認可があっても、私法上有効となることはないとされています。

ポイント整理　許可・認可

	許可	認可
違反の効果	有効	無効
行政庁の裁量	狭い	広い

参考答案 800字

1．許可

(1) 意義

許可とは、既に法令又は行政行為によって課されている一般的禁止を特定の場合に解除する行為をいう。

許可の意義

(2) 行為の性質

許可は、本来各人の有している自由を回復させる行為であるから、行政庁の裁量の幅は狭い。

行為の性質

(3) 無許可の法律行為の効果

200字 ▶

許可制は、本来自由であるはずの行為が法令により規制されているにすぎないことから、許可を受けないで行われた法律行為も有効である。

もっとも、許可を要する行為につき許可を受けないでした場合、強制執行又は処罰の対象とされることはある。

無許可の法律行為の効果

2．認可

(1) 意義

400字 ▶

認可とは、私人間で締結された法律行為を補充してその法律上の効果を完成させる行為をいう。

認可の意義

(2) 行為の性質

認可は、裁量行為とされることが多い。

また、認可は、政策的な見地から、行政庁の責任ある権限行使を予定している。

行為の性質

(3) 無認可の法律行為の効果

600字 ▶

認可を受けないで行われた契約等は無効である。

また、認可は私人の法律行為を補充する行為にすぎないから、本体である私人の法律行為に瑕疵があるときは、認可があっても、私法上有効となることはない。

無認可の法律行為の効果

以上

800字 ▶

参考答案 1200字

1．許可

(1) 意義

許可とは、既に法令又は行政行為によって課されている一般的禁止を特定の場合に解除する行為をいう。

食品衛生法に基づく営業許可、旅館業法に基づく旅館業の経営許可等の営業規制の多くが許可にあたる。

許可の意義

200字▶

この許可は、既に法令又は行政行為によって課されている一般的禁止を特定の場合に解除するものであり、講学上の命令的行為に分類される。

(2) 行為の性質

行為の性質

許可は、本来各人の有している自由を回復させる行為であるから、行政庁の裁量の幅は狭く、法定の要件を満たす場合には、許可を与えなければならない。

(3) 無許可の法律行為の効果

400字▶

無許可の法律行為の効果

許可制は、本来自由であるはずの行為が法令により規制されているにすぎず、許可を受けずに行った行為を法律上無効と扱う必要性はないことから、許可を受けないで行われた法律行為も有効である。

もっとも、許可を要する行為につき許可を受けないでした場合、強制執行又は処罰の対象とされることはある。

2．認可

(1) 意義

600字▶

認可の意義

認可とは、私人間で締結された法律行為を補充してその法律上の効果を完成させる行為をいう。

農地権利移転の許可、河川占用権の譲渡の承認などが認可にあたる。

この認可は、私人に特別な権能を付与するという点で本来的な自由にかかわらない形成的行為である。

(2) 行為の性質

800字▶

行為の性質

認可は、裁量行為とされることが多い。

また、認可は、政策的な見地から、行政庁の責任ある権限行使を予定している。

(3) 無認可の法律行為の効果

無認可の法律行為の効果

法律で認可が要件とされているのに、認可を受けないで行われた契約等は無効である。

1000字▶

また、認可はあくまで本体である私人の法律行為を補充する行為にすぎないから、本体である私人の法律行為に瑕疵があるときは、認可があっても、私法上有効となることはない。

以上

1200字▶

第7問 ★★★

（特別区－平11）

行政行為の効力について論ぜよ。

重要論点

1．行政行為の効力の種類
2．公定力
3．不可争力
4．執行力
5．不可変更力

1．行政行為の効力

本問は、行政行為の効力に関する理解を問うものですので、行政行為の効力として、①公定力、②不可争力、③執行力、④不可変更力があることを指摘できることが重要です。

2．公定力

ここでは、公定力の定義のほか、通説的見解が取消訴訟の排他的管轄を根拠としていることについて言及することが必要です。

3．不可争力

ここでは、不可争力の定義のほか、その根拠として、審査請求期間（行政不服審査法18条）、出訴期間（行政事件訴訟法14条）の存在から法律関係の早期確定の必要性を指摘することが必要です。

なお、余力があれば、不可争力は、行政庁の側から行政行為を取り消すことを否定するものではないことを指摘してもよいでしょう。

4．執行力

ここでは、執行力の定義のほか、法律の留保の原則から、私人が命令に従わない場合、行政権がこれを強制的に実現するには、命令を根拠づける規定のほかに、別途法律の根拠が必要であることの論述も必要です。

5．不可変更力

ここでは、不可変更力の定義のほか、蒸し返しの防止の必要性を指摘することも必要です。

ポイント整理　行政行為の効力

	意　義	根　拠
公定力	行政行為が違法であっても、取り消されない限り有効なものとして扱われる効力	取消訴訟の排他的管轄
不可争力	一定期間を経過すると、私人の側から行政行為の効力を争うことができなくなる効力	審査請求期間・出訴期間
執行力	行政行為の内容を行政権が自力で実現できる効力	行政代執行法など
不可変更力	処分庁は一度行った行政行為を自ら変更できないという効力	蒸し返し防止

判例チェック　公定力：最判昭30.12.26

事案	Aは、Xの賃借権の存否に関して争い、県農地委員会により棄却裁決を受けたが、再議の結果、当該委員会は、Aの主張を認め、棄却裁決を取り消した上で認容裁決を行った
結論	行政行為には公定力が認められる
判旨	行政処分は、たとえ違法であっても、その違法が重大かつ明白で、当該処分が当然無効である場合を除き、適法に取り消されない限り完全にその効力を有する

判例チェック　不可変更力：最判昭29.1.21

事案	X県農地委員会は、A農地委員会にB所有の農地を買収計画から除外せよとの裁決をした後、自らの認定が誤りであるとし、先の裁決を取り消す裁決（再裁決）をした
結論	裁決は裁決庁自ら取り消すことができない
判旨	裁決は、行政機関がする行政処分であり、他の一般行政処分とは異なり、特別の規定がない限り裁決庁自ら取り消すことはできない

参考答案　800字

1．行政行為の効力

行政行為の効力の種類

行政行為の効力として、①公定力、②不可争力、③執行力、④不可変更力が認められている。

2．公定力

①公定力

公定力とは、行政行為が違法であっても、それが取り消されない限り有効なものと扱われる効力をいう。

その根拠は、行政行為の効力を争う方法として取消訴訟による（取消訴訟の排他的管轄）ことに求められる。

200字▶

3．不可争力

②不可争力

不可争力とは、一定期間を経過すると、私人の側から行政行為の効力を争うことができなくなる効力をいう。

行政事件訴訟法の出訴期間（行政事件訴訟法14条）等を根拠としている。

この不可争力は、私人の側から争えないとするものであり、行政庁の側から行政行為を取り消すことは可能である。

400字▶

4．執行力

③執行力

執行力とは、行政行為の内容を行政権が自力で実現できる効力をいう。

この執行力は、行政目的の早期実現や裁判所の負担軽減の観点から認めたものである。

5．不可変更力

④不可変更力

不可変更力とは、処分庁は一度行った行政行為を自ら変更できないという効力をいう。

600字▶

この不可変更力は、審査請求に対する裁決等の争訟裁断的性質を有する行政行為について認められる。

以上

800字▶

参考答案　1200字

1．行政行為の効力

行政行為の効力の種類

行政行為は、行政庁が国民に一方的に働きかける場合に法律で認められた特殊な行為形式であり、特別な効力が認められている。

この行政行為の効力には、①公定力、②不可争力、③執行力、④不可変更力がある。

2．公定力

200字▶

公定力とは、行政行為が違法であっても直ちには無効とならず、それが取り消されない限り有効なものとして扱われる効力をいう。

①公定力

公定力は、行政行為の効力を訴訟で争う方法として取消訴訟が認められ（取消訴訟の排他的管轄）、行政処分等が違法でも取り消されるまでは有効であることを表現したものである。

3．不可争力

400字▶

不可争力とは、一定期間を経過すると、私人の側から行政行為の効力を争うことができなくなる効力をいう。

②不可争力

この不可争力は、審査請求期間（行政不服審査法18条）、出訴期間（行政事件訴訟法14条）の存在を根拠としている。

不可争力は、あくまで私人の側から争うことができないとする効力であるから、審査請求期間・出訴期間経過後に行政庁の側から行政行為を取り消すことは可能である。

600字▶

4．執行力

執行力とは、行政行為の内容を行政権が自力で実現できる効力をいう。

③執行力

この執行力は、行政目的の早期実現や裁判所の負担軽減といった観点から、訴訟を提起することなく強制執行をすることを認められたものである。

法律の留保の原則から、私人が命令に従わない場合、行政権がこれを強制的に実現するには、命令を根拠づける規定のほかに、別途法律の根拠が必要である。

800字▶

5．不可変更力

不可変更力とは、処分庁は一度行った行政行為を自ら変更できないという効力をいう。

④不可変更力

紛争の裁断者が一度下した判断を覆して裁断のやり直しをするのを認めると、無限に争いが蒸し返され収拾がつかなくなるおそれがあるからである。

1000字▶

行政行為の不可変更力は、審査請求に対する裁決のような、争訟裁断的性質を有する行政行為について認められる。

以上

1200字▶

第8問 ★★

（オリジナル問題）

取り消しうべき行政行為と無効の行政行為について説明せよ。

重要論点

1．取り消しうべき行政行為
2．無効の行政行為
⑴　意義
⑵　区別基準
⑶　具体例

答案作成上の注意点

1．取り消しうべき行政行為

本問は、取り消しうべき行政行為と無効の行政行為についての説明問題ですので、「取り消しうべき行政行為」と「無効の行政行為」に項目を分けて論述するのがよいでしょう。

そして、取り消しうべき行政行為では、公定力が認められること、取り消されるまでは有効であることをしっかり指摘することが必要です。

2．無効の行政行為

⑴　意義

無効の行政行為のキーワードは、「はじめから法的効力はないこと」ですので、定義をポイントを押さえて正確に示すことが必要です。

そして、無効の行政行為の重要なポイントとして、公定力はないこと、出訴期間および不服申立前置の制限のある取消訴訟によらないでも無効主張できることですので、この2点をしっかり指摘する必要があります。

⑵　区別基準

取り消しうべき行政行為と無効な行政行為との区別基準として、判例は、重大明白説を採用していますので（最判昭36.3.7）、必ず指摘する必要があります。

ただ、課税処分については、明白性を検討することなく、無効となることを認めている最高裁判例がありますので（最判昭48.4.26）、この点も指摘する必要があります。

(3) 具体例

無効な行政行為かどうかの具体例として、内容の瑕疵、主体の瑕疵、手続上の瑕疵の検討が必要ですので、この点も指摘するとよいでしょう。

ポイント整理 取り消しうべき行政行為と無効な行政行為

	取り消しうべき行政行為	無効な行政行為
効力を争う方法	①行政庁の職権取消し ②取消訴訟→違法な行政行為を対象 ③行政不服申立て→違法又は不当な行政行為を対象	誰でも効力を否定することができ、一定の場合には無効確認訴訟や争点訴訟を提起することができる
期間制限	不服申立期間・出訴期間経過後には争えない	なし
公定力	あり	なし
効果	当該行政行為の成立時に遡って無効となる（遡及効）	当初より何らの法的効力を持たない

判例チェック 瑕疵の明白性：最判昭36.3.7

事案	A税務署長がXに無申告加算税を賦課したため、Xが無効確認訴訟を提起した
結論	行政処分が無効となるのは、処分に重大かつ明白な瑕疵がある場合でなければならない
判旨	①重大明白な瑕疵：重大・明白な瑕疵とは、処分の要件の存在を肯定する処分庁の認定に重大明白な瑕疵がある場合である ②瑕疵の明白性：瑕疵が明白とは、処分成立の当初から、誤認であることが外形上客観的に明白な場合である

参考答案 800字

1．取り消しうべき行政行為

取り消しうべき行政行為とは、無効な行政行為を除いた瑕疵ある行政行為をいう。

取り消しうべき行政行為は、原則として公定力を有するため、直ちに無効となるわけではなく、権限ある機関によって取り消されるまでは有効なものとして扱われる。

取り消しうべき行政行為

2．無効な行政行為

(1) 意義

200字▶

無効な行政行為とは、当初から法的効力をもたず、何人も特別の手続をとることなく否定できる行為をいう。

行政行為の瑕疵が大きい場合には、取り消しうべき行政行為と異なり、公定力は働かないとしたのである。

無効な行政行為

(2) 区別基準

行政処分が当然無効となるためには、処分に重大かつ明白な瑕疵がなければならず、重大かつ明白な瑕疵とは、処分の要件の存在を肯定する処分庁の認定に重大・明白な瑕疵がある場合を指す。

400字▶

もっとも、課税処分については、明白性を検討することなく、無効となりうる場合を認めている。

区別基準

(3) 具体例

ア．内容にかかわる通常の過誤は、原則として取消原因となる。

内容の瑕疵

600字▶

イ．処分をした行政庁が当該処分につき無権限である場合には、原則として、その処分は無効となる。

主体の瑕疵

ウ．手続上の瑕疵は、当該手続が行政の公正を期すために公益上の必要から設けられたか、利害関係人保護のために設けられたかを区別し、それが被処分者の利益保護のための手続である場合には無効原因となる。

手続上の瑕疵

以上

800字▶

参考答案 1200字

1．取り消しうべき行政行為

取り消しうべき行政行為とは、無効な行政行為を除いた瑕疵ある行政行為をいう。

取り消しうべき行政行為は、原則として公定力を有するため、直ちに無効となるわけではなく、権限ある機関によって取り消されるまでは有効なものとして扱われる。

取り消しうべき行政行為

したがって、この効力を否定するには、処分庁が職権で取り消すほか、行政事件訴訟法に基づく取消訴訟、行政不服審査法に基づく不服申立てによることになる。

200字▶

2．無効な行政行為

(1) 意義

無効な行政行為

無効な行政行為とは、当初から法的効力をもたず、何人も特別の手続をとることなく否定できる行為をいう。

行政行為の瑕疵が大きい場合には、国民の権利利益を救済すべきことに鑑み、取り消しうべき行政行為と異なり、公定力は働かず、行政行為を無効としたのである。

400字▶

したがって、無効原因がある場合には、無効確認訴訟を提起して、出訴期間及び不服申立前置の制限を受けずに、行政行為の無効を主張することができ、裁判所も当該行政行為の無効を認定することができる。

このように訴訟手続との関連で、無効な行政行為と取り消しうべき行政行為とを区別する実益がある。

600字▶

(2) 区別基準

区別基準

行政処分が当然無効となるためには、処分に重大かつ明白な瑕疵がなければならず、重大かつ明白な瑕疵とは、処分の要件の存在を肯定する処分庁の認定に重大・明白な瑕疵がある場合を指す。

もっとも、課税処分については、明白性を検討することなく、無効となりうる場合を認めている。

800字▶

(3) 具体例

ア．内容の瑕疵

内容の瑕疵

内容にかかわる通常の過誤は、通常人ならば誰が見ても容易に事実誤認に基づく判断であると認められる処分などでないかぎり取消原因となる。

イ．主体の瑕疵

主体の瑕疵

処分をした行政庁が当該処分につき無権限である場合には、原則として、その処分は無効となる。

1000字▶

ウ．手続の瑕疵

手続上の瑕疵

手続上の瑕疵は、当該手続が行政の公正を期すために公益上の必要から設けられたか、利害関係人保護のために設けられたかを区別し、それが被処分者の利益保護のための手続である場合には無効原因となる。

以上

1200字▶

第9問 ★★★

（特別区—平24）

行政行為の瑕疵について説明し、あわせて行政行為の瑕疵の治癒及び違法行為の転換についても言及せよ。

重要論点

1．行政行為の瑕疵
2．行政行為の瑕疵の治癒
3．違法行為の転換

1．行政行為の瑕疵

本問では、まず「行政行為の瑕疵について説明」とありますので、行政行為の瑕疵の内容・種類について検討する必要があります。

瑕疵の種類については、取消事由たる瑕疵と無効事由たる瑕疵があることを指摘したうえで、両者の区別基準（最判昭36.3.7）と具体例を検討できるようにしましょう。その際には、必ず公定力との関係を指摘して、理解の深さをアピールできるようにしましょう。

2．行政行為の瑕疵の治癒

次に、問題文では、行政行為の瑕疵の説明をした上で、「行政行為の瑕疵の治癒」についての言及が求められていますので、行政行為の瑕疵と瑕疵の治癒との関係性を意識しながら、意義・具体例（最判昭36.7.14等）を示せるようにしましょう。

3．違法行為の転換

問題文では、さらに瑕疵の治癒「とともに」違法行為の転換についての言及も求められていますので、行政行為の瑕疵との関係性のほか、瑕疵の治癒との関係性（同じ部分や違う部分等）も意識しながら、意義・具体例（最大判昭29.7.19）を示せるようにしましょう。

判例チェック　瑕疵の治癒①：最判昭36.7.14

事案	農業委員会Aは、買収計画の不服申立てがされた場合には計画を停止すべきところ、裁決前に買収計画を承認し、買収処分を行ったが、その後に不服申立てを棄却する裁決がなされた
結論	処分は有効
判旨	農地買収計画につき異議・訴願の提起に対する決定・裁決を経ずに手続を進行させたという違法は、最終処分の無効原因によるものではなく、事後において決定・裁決があったときは、これにより買収処分の瑕疵は治癒される

判例チェック　瑕疵の治癒②：最判昭47.12.5

事案	法人Xは、法人税に関して、税務署長Yから増額更正処分を受けたため（更正通知書に理由記載の不備があった）、国税局長Aに審査請求をしたが、一部のみの取消裁決をしたにとどまったため（裁決書には詳細な理由記載がされていた）、更正処分取消訴訟を提起した
結論	更正通知書の理由記載の不備は、裁決書の理由記載によって治癒されない
判旨	①理由記載の不備：処分庁の判断の慎重、合理性を担保するとともに、処分の相手方に不服申立ての便宜を与える法人税法の規定の趣旨からして、本件更正通知書の附記理由には不備の違法がある ②瑕疵の治癒：処分庁と異なる機関の行為により附記理由不備の瑕疵が治癒されるとすることは、処分そのものの慎重、合理性を確保する目的にそわないほか、処分の相手方としても、十分な不服理由を主張することができないという不利益を免れないから、更正通知書における附記理由不備の瑕疵は、後日これに対する審査裁決において処分の具体的根拠が明らかにされたとしても治癒されない

判例チェック　違法行為の転換：最大判昭29.7.19

事案	A村農地委員会は、X所有の農地について、自作農創設特別措置法により、小作地と認定して買収計画を定めた
結論	裁決は有効
判旨	自作農創設特別措置法施行令43条により定めたと認定したA村農地委員会の本件買収計画を同令45条を適用して相当と認め、Xの訴願を棄却した裁決は違法ではない

参考答案　800字

1　行政行為の瑕疵

行政行為の瑕疵とは、行政行為に法令違反がある場合（違法）や裁量権行使が不適切である場合（不当）をいう。

行政行為の瑕疵の意義

行政行為には公定力が働くため、瑕疵があっても、権限ある機関によって取り消されるまでは有効と扱われる取消事由たる瑕疵と、瑕疵が重大かつ明白な場合には、国民の権利利益の救済を図るため、公定力は働かない無効な行政行為として直ちに無効主張ができるとする無効事由たる瑕疵がある。

公定力との関係及び取消と無効との区別基準（最判昭36.3.7）

200字▶

例えば、農地でないものを農地として買収することは違法であり、取消事由となるが、すでにその地上に堅固な建物の建っている宅地を農地と誤認して買収し、その誤認が何人にも明白である場合など農地と認定したことに重大かつ明白な瑕疵がある場合には無効事由となる。

具体例

2　瑕疵の治癒

400字▶

瑕疵の治癒とは、瑕疵ある行政行為がなされたが、事後的に瑕疵が追完された場合をいい、瑕疵のないものとして存続させる方がやり直すより効率的であるため認められている。

瑕疵の治癒の意義

例えば、農地買収計画につき不服申立てがあったにもかかわらず、裁決を経ずに買収手続を進行させた後に裁決があった場合に、買収を先行させた瑕疵は治癒されるとしたものがある。

具体例（最判昭36.7.14）

3　違法行為の転換

600字▶

違法行為の転換とは、瑕疵ある行政行為を、別の行政行為として見直すことで適法な行政行為と扱いうる場合に、いったんなされた行政行為を維持することをいい、瑕疵の治癒と同様に行政行為を存続させる効率から認められている。

違法行為の転換の意義

例えば、旧自作農創設特別措置法施行令43条等による買収計画を同45条等による買収計画と読み替えて適法としたものがある。

以上

具体例（最大判昭29.7.19）

800字▶

参考答案　1200字

1　行政行為の瑕疵

(1)　意義

行政行為の瑕疵とは、行政行為に法令違反がある場合（違法）や裁量権行使が不適切である場合（不当）をいう。

行政行為の瑕疵の意義

行政行為は、法令の要件を充足し、その内容が公益に適合していなければならないため、行政行為が違法又は不当である場合には、瑕疵を帯びることになる。

(2) 瑕疵の種類

200字

ア 行政行為には公定力が働くため、瑕疵があっても、権限ある機関によって取り消されるまでは有効と扱われるもの（取消事由たる瑕疵）と、国民の権利利益の救済を図るため、公定力が働かない無効な行政行為として直ちに無効主張できるもの（無効事由たる瑕疵）とがある。

瑕疵と公定力との関係

イ 両者は、基本的には、瑕疵が重大かつ明白な場合すなわち処分の要件の存在を肯定する処分庁の認定に重大かつ明白な瑕疵があるかどうかによって区別される。

取消と無効との区別基準（最判昭36.3.7）

400字

例えば、農地でないものを農地として買収することは違法であり、取消事由となるが、すでにその地上に堅固な建物の建っている宅地を農地と誤認して買収し、その誤認が何人にも明白である場合など農地と認定したことに重大かつ明白な瑕疵がある場合には無効事由となる。

具体例

2 瑕疵の治癒

600字

瑕疵の治癒とは、瑕疵ある行政行為がなされたが、事後的に瑕疵が追完された場合をいう。Aの条件が欠けていても後に条件を満たし、法適合性を有するに至った場合には、Aを存続させる方がやり直すより効率的であるため認められている。

瑕疵の治癒の意義

例えば、農地買収計画につき不服申立てがあったにもかかわらず、裁決を経ないで買収手続を進行させたとしても、その後に裁決があった場合には、買収を先行させた瑕疵は治癒されるとしたものがある。

具体例（最判昭36.7.14）

800字

3 違法行為の転換

違法行為の転換とは、瑕疵ある行政行為を、別の行政行為として見直すことで適法な行政行為と扱いうる場合に、いったんなされた行政行為を維持することをいう。行政行為がAとしては瑕疵があっても、Bとしては適法である場合に、Bとして扱うものであり、Aとは別のBを用いる点で瑕疵の治癒と異なるものの、瑕疵の治癒と同様に法適合性を有するに至った行政行為を存続させる効率から認められている。

違法行為の転換の意義

1000字

例えば、旧自作農創設特別措置法施行令43条等による買収計画を同45条等による買収計画と読み替えて適法としたものがある。

具体例（最大判昭29.7.19）

以上

1200字

第10問 ★★★ （特別区－平5）

行政行為の職権取消しと撤回について説明せよ。

重要論点

1．職権取消し

2．撤回

1．職権取消し

(1) 意義

まず、職権取消しの特徴である「瑕疵ある行政行為」、「遡及的に消滅」のキーワードを示すことが重要です。

(2) 法律の根拠の要否

職権取消しは法律の根拠を要しないことを、その根拠とともに示すことが重要です。

(3) 取消権者

ここでは、処分庁のほか、上級行政庁も行うことができる旨の指摘が重要です。

(4) 職権取消しの制限

行政行為が事後的に取り消されると、これを有効と信頼した者の利益保護が問題となります（最判昭43.11.7）。

2．撤回

(1) 意義

撤回の特徴は、「後発的事情」、「将来効」ですので、「後発的な事情の変化」、「将来的に無効」のキーワードを示すことが重要です。

(2) 法律の根拠の要否

撤回に法律の根拠が必要かどうかについては、法令の根拠に基づかない撤回も有効とする判例（最判昭63.6.17）があるほか、通説も行政行為の合目的性の回復であり、特別の法的根拠は不要であるとしています。

(3) 撤回権者

職権取消しとの対比において、撤回は、処分庁のみができます。

(4) 撤回の制限

ここでも職権取消しの制限と同様の利益状況となり、授益的行政処分については、一定の事情がなければ、撤回できません。

ポイント整理 職権取消しと撤回

	職権取消し	撤回
原因	行政行為の成立当初から瑕疵がある場合	行政行為の適法な成立後、後発的な事情の変化によりこれを維持することが不適当な場合
主体	処分庁及びその上級行政庁	処分庁のみ
効果	遡及的に無効	将来的に無効
法律の根拠	不 要	

判例チェック 職権取消し：最判昭43.11.7

事案	農地買収計画及び農地売渡計画をA農業委員会が職権で取り消したため、当該計画に基づいて農地の売渡しを受けたXは、当該農地の所有権確認等を求めて出訴した
結論	Aの取消しは有効
判旨	処分の取消しによって生ずる不利益と、処分に基づきすでに生じた効果をそのまま維持することの不利益とを比較考量し、処分を放置することが公共の福祉の要請に照らし著しく不当であると認められるときに限り取り消すことができる

判例チェック 優生保護医指定の撤回：最判昭63.6.17

事案	医師Xは、優生保護法（現母体保護法）に基づき人工妊娠中絶を行いうる医師の指定を受けていたが、実子あっせん行為を繰り返したため、医師会Yから指定医師の更新を取り消された（撤回された）
結論	法令の根拠に基づかない撤回も有効
判旨	実子あっせん行為の法的問題点等に照らすと、Xの被る不利益を考慮しても撤回すべき公益上の必要性が高いから、法令上その撤回について直接明文の規定がなくとも、指定医師の指定権限のある医師会Yは、Xに対する指定を撤回することができる

参考答案　800字

1．意義

(1)　職権取消しとは、行政庁が瑕疵ある行政行為の効力を遡及的に失わせ、正しい法律関係を回復させることをいう。　職権取消しの意義

(2)　撤回とは、行政行為の適法な成立後、後発的な事情の変化により当該行為を維持することが適当でなくなった場合に、これを将来的に無効とすることをいう。　撤回の意義

2．法律の根拠の要否

職権取消し及び撤回は、いずれも瑕疵のない法的状態を回復させるものであるから、法律の根拠なく行うことができる。　法律の根拠の要否

200字▶

3．主体

(1)　職権取消しは、処分庁のほか、上級行政庁も監督権の行使として行うことができる。　取消権者

(2)　これに対して、撤回は、処分庁のみがなしうる。撤回権は、処分権と表裏の関係に立ち、監督権の範囲に当然には含まれないから、上級行政庁は撤回権を有しない。　撤回権者

400字▶

4．制限

(1)　行政庁は、瑕疵のない法的状態を回復すべく、職権取消しをすべきであるのが原則である。　職権取消しの制限

もっとも、授益的処分の取消しは、相手方に不利益を及ぼすから、処分の取消しによって相手方が受ける不利益を上回るだけの必要性が認められる場合に限り認められる。

600字▶

(2)　瑕疵なく成立した行政行為であっても、その効力の維持が公益上不適当となった場合には、処分庁は、自由に撤回することができる（撤回自由の原則）。　撤回の制限

もっとも、授益的行政処分については、相手方に不正その他有責事由のある場合や、撤回を必要とする公益上の要請が国民の既得権益の保護の要請を上回るときでなければ、撤回自由の原則を適用することはできない。

800字▶

以上

参考答案　1200字

1．職権取消し

(1)　意義

職権取消しとは、瑕疵ある行政行為について、行政庁が、その効力を遡及的に失わせて、正しい法律関係を回復させることをいう。　職権取消しの意義

(2)　法律の根拠の要否

職権取消しは、瑕疵のない法的状態を回復させるものであるから、職権取消しをするためには、法律の根拠は不要である。

法律の根拠の要否

200字▶

(3) 取消権者

職権取消しは、処分庁のほか、上級行政庁も監督権の行使として行うことができる。

取消権者

(4) 職権取消しの制限

行政庁は、瑕疵のない法的状態を回復すべく、職権取消しをすべきであるのが原則である。

職権取消しの制限

400字▶

もっとも、授益的処分の取消しは、相手方に事実上の不利益を及ぼすことから、当該処分の取消しによって相手方が受ける不利益を上回るだけの必要性が認められる場合に限り、認められる。

2．撤回

(1) 意義

撤回とは、行政行為の適法な成立後、後発的な事情の変化により当該行為を維持することが適当でなくなった場合に、これを将来的に無効とすることをいう。

撤回の意義

600字▶

(2) 法律の根拠の要否

撤回は瑕疵のない法的状態を回復させるものであるから、撤回をするためには、法律の根拠は不要である。

法律の根拠の要否

(3) 撤回権者

撤回は、処分庁のみがなしうる。撤回権は、処分権と表裏の関係に立ち、監督権の範囲には当然には含まれないから、上級行政庁は撤回権を有しない。

撤回権者

800字▶

(4) 撤回の制限

瑕疵なく成立した行政行為であっても、その効力の維持がもはや公益上不適当となった場合には、処分庁は、公益の管理者として自由にこれを撤回することができる（撤回自由の原則）。

撤回の制限

1000字▶

もっとも、授益的行政処分については、相手方に不正その他有責事由のある場合や、撤回を必要とする公益上の要請が国民の既得権益の保護の要請を上回るときでなければ、撤回自由の原則を適用することはできない。

以上

1200字▶

第11問 ★★

（都庁－平27、平17、平6）

行政行為の附款について説明せよ。

重要論点

1．附款の概念
　(1)　意義
　(2)　種類
2．附款の限界

1．附款の概念

(1)　意義

本問は、附款の一行問題ですので、附款の「概念」と「限界」とを分けて検討することが必要です。

ここでは、附款の定義のほか、附款がなぜ利用されるのかを示すことも重要です。

(2)　種類

附款の種類として、①条件、②期限、③負担、④撤回権の留保の４つがありますので、それぞれの違いを出すためにも、具体例を示しながら論述することが重要です（ポイント整理参照）。

2．附款の限界

附款の限界については、争いのある箇所ではないので、裁量権の行使の一環として、裁量権に関する制約があることをしっかり示すことが重要です。

(1)　目的による拘束

附款は、裁量権行使の一環であるため、本体たる行政行為の目的以外の目的で附款を付すことは許されません。

（具体例）建築主事は、建築主と建築に反対する近隣住民とが一定期間協議することを停止条件として建築確認を行うことができません。建築確認は、建築関係法規の適合性を確認するものであり、近隣住民との調整を目的とするものではないからです。

(2) 比例原則・平等原則

附款に課す義務は法の目的との関係で必要最小限のものでなければならず（比例原則）、不平等に扱う附款は許されないことになっています（平等原則）。

(3) 附款の瑕疵

附款が行政行為の本体と可分であるときは、附款の全部または一部の取消しを求めることができ、附款が取り消されたときは、附款のない行政行為となります。これに対して、附款が行政行為の本体と一体の関係にあるときは、附款のみの取消しを求めることができず、本体たる行政行為の取消訴訟を提起すべきことになります。

ポイント整理 附款の種類

	意義	具体例
条件	行政行為の効果を発生不確実な将来の事実にかからせる意思表示 ※条件成就により効果が発生する停止条件と、効果が消滅する解除条件がある	道路工事の開始の日から通行止めとすること（停止条件） 橋梁が完成するまで道路を通行止めとすること（解除条件）
期限	行政行為の効果を発生確実な将来の事実にかからせる意思表示	運転免許証の「平成28年1月1日まで有効」といった記載
負担	許可・認可などの授益的行政行為に付加される意思表示で、相手方に特別の義務を命ずるもの	道路占用許可に付された占用料の納付・運転免許に付された眼鏡使用の限定
撤回権の留保	許可・認可などの行政行為をするにあたって、将来撤回することがある旨をあらかじめ確認しておくこと	公物の占用許可にあたって撤回権を留保すること

判例チェック 職員の期限付任用：最判昭38.4.2

事案	小学校教諭であったXは、退職後1年の期限付きで助教諭に採用され期間の更新を受けたが、後に退職を命じられた
結論	明文のない期限付き任用も許される
判旨	地方公務員法上、職員の身分を保障し、職務に専念させるため、職員の任用は無期限とするのが法の建前であるが、期限付任用を認める明文の規定がなくても、特段の必要性が存在し、かつ、法の趣旨に反しない場合においては許される

参考答案　800字

1．附款の概念

(1)　意義

行政行為の附款とは、行政行為の効果を制限するため、行政庁の意思表示の主たる内容に付加された従たる意思表示をいう。　附款の意義

附款は、明文規定がある場合のほか、明文規定がなくても、法律が許容している場合にも付すことができる。

(2)　種類

200字▶

附款の種類として、①条件、②期限、③負担、④撤回権の留保の4つに区別することができる。　附款の種類

ア．条件

条件とは、行政行為の効果を発生不確実な将来の事実にかからせる意思表示をいい、条件成就により効果が発生する停止条件と、効果が消滅する解除条件に区別される。　①条件

400字▶

イ．期限

期限とは、行政行為の効果を発生確実な将来の事実にかからせる意思表示をいう。　②期限

ウ．負担

負担とは、許可・認可等の授益的行政行為に付加される意思表示で相手方に特別の義務を命ずるものをいう。　③負担

エ．撤回権の留保

600字▶

撤回権の留保とは、許認可などの行政行為をするにあたって、将来撤回がある旨を予め確認することをいう。　④撤回権の留保

2．限界

附款は、行政庁の裁量権行使の一環であるため、裁量権行使についての制約がかかることになり、当該行政行為の根拠法規の目的に反したり、平等原則、比例原則に違反する附款を付すことは許されない。　附款の限界

800字▶

以上

参考答案　1200字

1．附款の概念

(1)　意義

行政行為の附款とは、行政行為の効果を制限するため、行政庁の意思表示の主たる内容に付加された従たる意思表示をいう。　附款の意義

この附款は、法律の規定による画一的な処理の要請に対

して、具体的な状況にきめ細かく応じ、行政による弾力的な対応を可能にする点で、実際の有用性が高い。

200字▶

附款は、法律が附款を付すことができる旨を明示している場合のみならず、行政行為の内容の決定について行政庁に裁量権が認められている場合にも付すことができる。

(2) 種類

附款の種類

附款の種類として、①条件、②期限、③負担、④撤回権の留保の4つに区別することができる。

400字▶

ア．条件

①条件

条件とは、行政行為の効果を発生不確実な将来の事実にかからせる意思表示をいう。

この条件には、例えば、道路工事の開始の日から通行止めとすることのように、条件成就により効果が発生する停止条件と、橋梁が完成するまで道路を通行止めとすることのように、条件成就により効果が消滅する解除条件に区別することができる。

600字▶

イ．期限

②期限

期限とは、運転免許証の「平成28年1月1日まで有効」といった記載のように、行政行為の効果を発生確実な将来の事実にかからせる意思表示をいう。

ウ．負担

③負担

負担とは、道路占用許可に付された占用料の納付のように、許可・認可などの授益的行政行為に付加される意思表示で、相手方に特別の義務を命ずるものをいう。

800字▶

エ．撤回権の留保

④撤回権の留保

撤回権の留保とは、許可・認可などの行政行為をするにあたって、将来撤回することがある旨をあらかじめ確認しておくことをいう。

2．限界

附款の限界

1000字▶

附款は、行政庁の裁量権行使の一環であり、裁量権行使についての制約が及ぶことになる。

したがって、本体たる行政行為の目的以外の目的で附款を付すことは許されないし（目的拘束の原理）、附款によって相手方に課す義務は必要最少限のものであるほか（比例原則）、行政行為の相手方を不平等に取り扱う内容の附款を付すことは許されない。

以上

1200字▶

第12問 ★★★

（特別区－平23、平18）

行政法学上の裁量行為について説明せよ。

重要論点

1．裁量行為の意義・分類
2．羈束裁量と自由裁量
 (1) 意義
 (2) 要件裁量と効果裁量
 (3) 行政裁量の司法的統制

1．裁量行為の意義・分類

本問は、「裁量行為」の一行問題ですので、まず裁量行為の意義・分類を指摘する必要があります。

その際、裁量行為が裁量のない羈束行為と区別されること、裁量行為は、裁量の程度によって羈束裁量と自由裁量に分類されることを指摘できるかどうかが重要です。

2．羈束裁量と自由裁量

(1) 意義

ここでは、羈束裁量と自由裁量との違いを意識して、定義を指摘することが重要です。

(2) 要件裁量と効果裁量

ここでは、まず要件裁量と効果裁量との区別を指摘することが重要です。

その上で、要件裁量の重要な判例として、マクリーン事件最高裁判決（最大判昭53.10.4）、効果裁量の重要な判例として、神戸税関事件最高裁判決（最判昭52.12.20）がありますので、必ず指摘する必要があります。

(3) 行政裁量の司法的統制

羈束裁量と自由裁量とは、裁判所の審査対象の可否により区別されてきましたので、この点の指摘は必要です。

ただ、現在では、両者の区別は相対化していますので、余力があれば、相対化の理由と現在の対応状況を論述してもよいでしょう。

ポイント整理 行政裁量と司法審査

		司法審査の対象の肯否
羈束行為		対象となる
裁量行為	羈束裁量（法規裁量）	対象となる
	自由裁量	対象とならない

判例チェック 要件裁量（マクリーン事件）：最大判昭53.10.4

事案	法務大臣Aは、外国人Xが政治的デモや集会に参加したこと等を理由に、Xの在留期間の更新申請を許可しなかった
結論	在留期間の更新事由の有無の判断につき法務大臣に広汎な裁量が認められる
判旨	出入国管理令21条3項所定の「在留期間の更新を適当と認めるに足りる相当の理由」の有無の判断における法務大臣の裁量権の範囲が広汎なものとされているのは当然のことである

判例チェック 効果裁量（神戸税関事件）：最判昭52.12.20

事案	神戸税関職員Xは、国家公務員法の争議行為の禁止等に違反したため、国家公務員法82条に基づく懲戒免職処分を受けた
結論	懲戒権者の裁量により処分の有無・内容を選択できる
判旨	①裁量権の有無：懲戒事由が存在する場合に懲戒処分を行うかどうか、懲戒処分を行うときにいかなる処分を選ぶかは、懲戒権者の裁量に任されている ②判断基準：裁判所は懲戒権者と同一の立場に立って判断すべきではなく、懲戒権者の処分が社会観念上著しく妥当を欠き、裁量権を濫用した場合に違法と判断すべきである

参考答案　800字

1．裁量行為の意義・分類

行政行為は、行政庁に裁量が認められるか否かにより、羈束行為と裁量行為に区別され、裁量行為は、裁量の程度により、羈束裁量（法規裁量）と自由裁量に分けられる。

裁量行為の意義・分類

2．羈束裁量と自由裁量

⑴　意義

羈束裁量は、通常人の共有する一般法則で判断が可能なものであるのに対して、自由裁量とは、法が行政庁の責任ある判断を予定しているものである。

羈束裁量と自由裁量の意義

200字▶

⑵　要件裁量と効果裁量

ア．要件裁量とは、法律要件の解釈・あてはめの段階の裁量のことである。マクリーン事件最高裁判決では、在留期間の更新事由の有無の判断に要件裁量を認めている。

要件裁量

イ．効果裁量とは、要件が充足された場合に行政行為をするかどうかという権限発動段階の裁量のことである。神戸税関事件最高裁判決では、懲戒事由がある場合に処分を行うか、行うときにいかなる処分を選ぶかに関して、懲戒権者の裁量を認めている。

効果裁量

400字▶

⑶　行政裁量の司法的統制

羈束裁量は、裁判所の審査対象となるのに対して、自由裁量は、裁判所の審査対象外となる点で区別される。

行政裁量の司法的統制

しかし、裁量権の逸脱・濫用の有無については、裁判所の審査が及ぶから（行政事件訴訟法30条）、裁判所が審査できない自由裁量は認められず、羈束裁量と自由裁量との区別は相対化している。

600字▶

現在では、行政庁の判断過程を、①事実認定、②法律要件の解釈・認定事実のあてはめ、③手続の選択、④行為の選択、⑤時の選択に区分して、裁量の有無が検討されている。

800字▶

以上

参考答案　1200字

1．裁量行為の意義・分類

行政行為は、裁量が認められるか否かにより、①羈束行為（行政庁の裁量を認めず、要件及び内容につき法令が一義的に定めているもの）と②裁量行為（行政庁が裁量的判断を加味して行うもの）に区別される。

裁量行為の意義・分類

そして、②裁量行為は、行政庁に与えられる裁量の程度により、(1)覊束裁量（法規裁量）と(2)自由裁量に分けられる。

200字▶ 2．覊束裁量と自由裁量

(1) 意義

覊束裁量と自由裁量の意義

覊束裁量は、通常人の共有する一般法則で判断が可能なものである。

これに対して、自由裁量とは、法が行政庁の責任ある判断を予定しているものである。

(2) 要件裁量と効果裁量

ア．要件裁量

400字▶

要件裁量

要件裁量とは、法律要件の解釈・あてはめの段階の裁量のことである。

かつて要件裁量を否定する最高裁判例も存在したが、マクリーン事件最高裁判決では、在留期間の更新事由の有無の判断に（政治的）要件裁量を認めている。

イ．効果裁量

効果裁量

600字▶

効果裁量とは、要件が充足された場合に行政行為をするかどうかという権限発動段階の裁量のことである。

神戸税関事件最高裁判決では、懲戒事由がある場合に処分を行うか、行うときにいかなる処分を選ぶかに関して、懲戒権者の裁量を認めている。

(3) 行政裁量の司法的統制

行政裁量の司法的統制

覊束裁量と自由裁量との区別の実益は、司法審査の対象となるか否かに現れる。覊束裁量は裁判所の審査対象となるのに対して、自由裁量は裁判所の審査対象外となる。

800字▶

しかし、自由裁量であっても、裁量権の逸脱・濫用の有無については裁判所の審査が及び、裁量権の逸脱・濫用があれば、裁判所により取り消される（行政事件訴訟法30条）。

したがって、裁判所が審査できない自由裁量は認められず、覊束裁量と自由裁量との区別は相対化している。

1000字▶

そこで、現在では、行政庁の判断過程を、①事実認定、②法律要件の解釈・認定事実のあてはめ、③手続の選択、④行為の選択、⑤時の選択の５段階に区分して、各段階ごとに裁量の有無が検討されている。

以上

1200字▶

第13問 ★★★

（都庁－平16）

行政契約について説明せよ。

重要論点

1．行政契約の意義
2．行政契約の統制
3．準備行政における契約
4．侵害行政における契約
5．給付行政における契約

1．行政契約の意義

行政契約の定義を述べた上で、行政契約を締結するには、法律の根拠を要しないと解されていますので（有力説）、その結論を明示する必要があります。

2．行政契約の統制

行政契約の本質は、契約ですが、行政活動として行われる側面を有しますので、行政法の一般原則の適用など適切な統制が必要となることを指摘する必要があります。

3．準備行政における契約

準備行政における契約は、従来民法上の契約の問題として捉えられてきましたが、国有財産・公有財産の管理について会計法、国有財産法など行政特有の規定が用意されています。

4．侵害行政における契約

行政活動は、沿革から侵害行政と給付行政に区別されます。従来、侵害行政の領域では認められないとされていましたが、現在では、公害防止協定の例があるなど、契約方式がまったく許されないわけではありません。

5．給付行政における契約

給付行政の分野では、実務・通説である侵害留保説の下、法律の留保が及ばず、契約方式が積極的に利用されているほか、その旨の法律も多く存在しています。

ポイント整理 行政契約

	特　質
準備行政における契約	<本質>民法上の契約
侵害行政における契約	原則：行政行為 例外：行政契約 例）①公害防止協定 ②負担金等を要請する規制的内容の契約
給付行政における契約	積極的承認 例）①水道事業者の契約締結義務（水道法15条1項など） ②バス運送の契約締結義務（道路運送法9条の3など）

判例チェック 随意契約制限違反と契約の効力：最判昭62.5.19

事案	A町が随意契約により土地をBに売却したため、住民Xは一般競争入札によらずになされた売却は違法であると主張した
結論	違法な随意契約も私法上当然に無効とはならない
判旨	随意契約の制限に関する法令に違反して締結された契約であっても、当然に無効になるものではなく、随意契約の締結に制限を加える法令の規定の趣旨を没却する結果となる特段の事情が認められる場合に限り無効になる

判例チェック 公害防止協定の適法性：最判平21.7.10

事案	A町と合併したX市は、A町と産廃業者Yが締結した使用期限を付した公害防止協定に基づきYに産廃施設の使用差止を求めた。
結論	公害防止協定も有効
判旨	A町の地位を承継したX市とYとの間において、本件期限条項の法的拘束力を否定することはできない

参考答案　800字

1．意義

行政契約とは、行政主体が行政目的を達成するために締結する契約をいう。

行政契約は、当事者の意思の合致によって成立するから、法律の根拠を要しない。

行政契約の意義

2．行政契約の統制

行政契約の本質は、契約であっても、行政作用の一形態である以上、行政法の一般原則が適用される。

行政契約の統制

200字▶

3．準備行政における契約

準備行政とは、事務用品の購入契約、庁舎建設の請負契約など行政を遂行するのに必要な物的手段の調達・整備のことをいい、契約方式で行われることが多い。

しかし、契約締結の手順として、原則として、透明性の高い一般競争入札の方式によるなど行政特有の規定が設けられている（会計法29条の3、地方自治法234条など）。

準備行政における契約

400字▶

4．侵害行政における契約

従来は、侵害行政の領域における行為形式は行政行為に限られ、行政契約は認められないとされていた。

もっとも、公害防止協定や、開発負担金・教育負担金など私人の寄付を要請する契約など、契約方式がまったく許されないわけではない。

侵害行政における契約

5．給付行政における契約

600字▶

給付行政の分野では法律の留保が及ばないため、契約方式が積極的に利用されているほか、その旨の法律も多い。

例えば、水道の供給は水道事業者（市町村）と給水を受ける者との間で締結される給水契約により行われ、水道事業者は給水契約の申込みを受けたときは、「正当の理由」がなければ拒むことはできない（水道法15条1項）。

給付行政における契約

以上

800字▶

参考答案　1200字

1．意義

行政契約とは、行政主体が行政目的を達成するために締結する契約をいう。

行政契約は、その内容が国民に義務を課したり国民の権利を制限したりするものであっても、当事者の意思の合致によって成立するから、法律の根拠を要しない。

行政契約の意義

2．行政契約の統制

200字▶

行政契約の統制

行政契約の本質は、私人間の契約と異ならないから、民法・商法等が適用される。

しかし、行政契約も行政作用の一形態である以上、契約自由の原則がそのまま貫徹されるわけではなく、他の行為形式の場合と同様に、行政法の一般原則が適用される。

3．準備行政における契約

準備行政における契約

400字▶

準備行政とは、事務用品の購入契約、庁舎建設の請負契約など行政を遂行するのに必要な物的手段の調達・整備のことをいい、契約方式で行われることが多い。

しかし、契約締結の手順として、原則として、透明性の高い一般競争入札の方式によるべきとされ、例外として指名競争入札あるいは随意契約が認められているなど、民法上の契約とは異なる行政特有の規定が設けられている（会計法29条の3、地方自治法234条など）。

600字▶

4．侵害行政における契約

侵害行政における契約

従来は、侵害行政の領域における行為形式は行政行為に限られ、行政契約は認められないとされていた。

もっとも、公害防止協定（公害の発生原因となりうる事業を営む事業者と地方公共団体との間で地域の生活環境悪化を防止するためにかわされる取決め）や、開発負担金・教育負担金など私人の寄付を要請する契約など、契約方式がまったく許されないわけではない。

800字▶

5．給付行政における契約

給付行政における契約

給付行政の分野では法律の留保が及ばないため、契約方式が積極的に利用されている。また、契約方式を採用する法律も多くなっている。

例えば、水道の供給は水道事業者（市町村）と給水を受ける者の間で締結される契約によるものとされている。この場合、水道事業者は、給水区域内の需要者から給水契約の申込

1000字▶

みを受けたときは、「正当の理由」がなければこれを拒むことはできない（水道法15条1項）。水道事業は公益性を有するからである。

以上

1200字▶

(特別区－平14、平6)

行政指導について説明せよ。

重要論点

1. 行政指導の意義
2. 行政指導の法的統制
3. 行政指導に対する法的救済
   (1) 取消訴訟
   (2) 国家賠償請求

1. 行政指導の意義

本問は、行政指導の一行問題ですので、まず行政指導の意義を検討する必要があります。

ここでは、「任務又は所掌事務の範囲内」、「行政目的の実現」、「特定の者」、「処分に該当しない」ことがポイントですので、すべて指摘する必要があります。

2. 行政指導の法的統制

(1) 法律の根拠

行政指導に関して、法律の根拠は不要であるとされていますので、理由とともに指摘することが必要です。

(2) 手続的統制

行政手続法は、行政指導に関する手続的統制を図る規定を設けていますので、任意の協力の原則（32条）、行政指導の方式（35条）など主要な規定を示すようにしましょう。

3. 行政指導に対する法的救済

(1) 取消訴訟

従来は、行政指導のような事実行為は取消訴訟の対象とならないとされてきましたが、近時、最高裁判決では、個別法の解釈により取消訴訟の対象となるとするものが多くなっていますので（病院開設中止の勧告の処分性につき最判平17.7.15参照）、この点を指摘する必要があります。

(2) 国家賠償請求

違法な行政指導により損害を受けた者は、国家賠償を請求することができるとした最高裁判例がありますので（指導要綱に基づく開発負担金につき最判平5.2.18）、国家賠償法との関係についても必ず指摘する必要があります。

判例チェック　病院開設中止勧告の処分性：最判平17.7.15

事案	病院開設の許可申請をしたXは、Y県知事から開設中止の勧告を受けた上、病院を開設した場合には保険医指定を拒否する旨の通告文書の送付を受けた
結論	本件勧告につき処分性肯定
判旨	病院開設中止の勧告は、医療法上は当該勧告を受けた者が任意に従うことを期待してされる行政指導であるが、当該勧告を受けた者が従わない場合には、相当程度の確実さをもって、病院を開設しても保険医療機関の指定を受けることができなくなるという結果をもたらす

判例チェック　指導要綱に基づく開発負担金：最判平5.2.18

事案	Y市は、一定規模以上の宅地開発又は中高層建築物の建設を行おうとする事業主等に対する行政指導の内容を定める「宅地開発等に関する指導要綱」を制定したが、その中には、事業主が教育施設負担金等を納付することも規定されていた
結論	本件行政指導につき国家賠償責任を負う
判旨	指導要綱に基づく行政指導が市民の生活環境を乱開発から守ることを目的とするものであり、多くの市民の支持を受けていたことなどを考慮しても、本来任意に寄付金の納付を求めるべき行政指導の限度を超える違法な公権力の行使である

参考答案 800字

1．意義

行政指導とは、行政機関がその任務又は所掌事務の範囲内において一定の行政目的を実現するため特定の者に一定の作為又は不作為を求める指導、勧告、助言その他の行為であって処分に該当しないものである（行政手続法２条６号）。

意義

2．行政指導の法的統制

(1) 行政指導は、一種の非権力的事実行為であるから、法律の根拠は不要である。

法律の根拠の要否

200字 ▶

(2) 行政指導は、その一般原則として、相手方の任意の協力が前提であり（32条１項）、申請に関連する行政指導は、申請者の拒否の意思表明により継続できず（33条）、許認可等の権限に関連する行政指導は、権限行使を示し、行政指導に従うようにしてはならない（34条）。

行政指導に携わる者は、相手方に対し、行政指導の趣旨・内容・責任者を明確に示さなければならない（35条１項）。また複数の者を対象とする行政指導について、その内容となるべき事項をあらかじめ定め、特別の支障がない限り、公表すべきことを義務付けている（36条）。

手続的統制

400字 ▶

3．行政指導に対する法的救済

(1) 法令違反の是正を求める行政指導を受けた者は、当該指導が根拠となる法律の要件を満たさないと考えるときは、行政指導をした行政機関に中止等を求めることができる（36条の２）。

行政指導の中止等の求め

600字 ▶

(2) 従来、行政指導には、いわゆる処分性（行政事件訴訟法３条２項）は認められず、取消訴訟は提起できないと考えられてきた。もっとも、近時では、個別法の解釈により、処分性を認める傾向がある。

行政指導と取消訴訟

(3) 行政指導は、公権力の行使に含まれるから、違法な行政指導により損害を受けた者は、国家賠償請求ができる。

行政指導と国家賠償請求

800字 ▶

以上

参考答案 1200字

1．意義

行政指導とは、行政機関がその任務又は所掌事務の範囲内において一定の行政目的を実現するため特定の者に一定の作為又は不作為を求める指導、勧告、助言その他の行為であって処分に該当しないもののことである（行政手続法２条６号）。

意義

2．行政指導の法的統制

(1) 法律の根拠

200字▶

行政指導は、強制力のない事実上の協力要請にすぎず、一種の非権力的事実行為であるから、行政機関は、明文の規定がない場合であっても、行政指導をすることができる。

法律の根拠の要否

(2) 手続的統制

行政指導は、相手方の任意の協力によってのみ実現されるべきものであり（32条1項）、申請に関連する行政指導は、申請者が行政指導に従う意思がない旨を表明した場合には行政指導を継続してはならず（33条）、許認可等の権限に関連する行政指導は、権限を行使し得る旨をことさらに示すことにより相手方に行政指導に従うことを余儀なくさせるようなことをしてはならない（34条）。

400字▶

手続的統制

行政指導に携わる者は、相手方に行政指導の趣旨・内容・責任者を明確に示さなければならない（35条1項）。また複数の者を対象とする行政指導について、その内容となるべき事項をあらかじめ定め、特別の支障がない限り、公表すべきことを義務付けている（36条）。

600字▶

3．行政指導に対する法的救済

(1) 行政指導の中止等の求め

法令違反の是正を求める行政指導を受けた者が、当該指導が根拠となる法律の要件を満たさないと考えるときは、行政指導をした行政機関に中止等を求めることができる（36条の2）。

800字▶

行政指導の中止等の求め

(2) 取消訴訟

取消訴訟を提起するためには、行政庁の行為に処分性があることが必要であるが（行政事件訴訟法3条2項）、従来、行政指導は事実行為であることから、処分性が認められないと考えられてきた。もっとも、近時では、行政指導である病院開設中止の勧告につき処分性を認めているなど、個別法の解釈により、処分性を認める傾向がある。

1000字▶

行政指導と取消訴訟

(3) 国家賠償請求

行政指導は、公権力の行使に含まれるから、違法な行政指導により損害を受けた者は、国家賠償を請求することができる。

行政指導と国家賠償請求

以上

1200字▶

第15問 ★★★

（特別区－平16）

行政計画について説明せよ。

重要論点

1．行政計画の意義
2．行政計画の分類
3．行政計画の法的統制
　(1)　法律の根拠の要否
　(2)　計画策定手続
4．行政計画に対する救済
　(1)　取消訴訟の提起
　(2)　計画の取消し・変更と損害賠償責任

1．行政計画の意義

本問は、行政計画の理解を問う問題ですので、まず行政計画の意義を指摘する必要があります。

2．行政計画の分類

次に、行政計画は、さまざまな観点から整理されていますので、例えば、期間の長短、対象エリアの広狭、法律の根拠、法的拘束力による分類を示すとよいでしょう。

3．行政計画の法的統制

(1)　法律の根拠の要否

法律による行政の原理との関係から、行政計画の策定に関して法律の根拠を必要とするかが問題となります。

この点については、拘束的計画については法律の根拠が必要となると解されています。

(2)　計画策定手続

行政計画の内容の正当性を確保するためには、計画策定手続を確立して民意を計画に反映させる必要がありますが、そのような手続法上のルールがないことを指摘する必要があります。

4．行政計画に対する救済

(1) 取消訴訟の提起

行政計画に対する救済の問題として、①取消訴訟を提起する方法と、②計画の取消し・変更により当初の計画を信頼して行動した私人の期待が害される場合において損害賠償請求をする方法とがあります。

①の取消訴訟の方法については、当該計画が取消訴訟の対象となるのかが問題となり、この点に関する判例として、処分性を否定した用途地域の指定（最判昭57.4.22）、処分性を肯定した土地区画整理事業の事業計画決定（最大判平20.9.10）などがありますので、指摘するようにしましょう。

(2) 計画の取消し・変更と損害賠償責任

②の行政計画と相手方の信頼に関する損害賠償請求については、村長選挙の結果、工場誘致計画が変更され、相手方が損害を被った事案において、地方公共団体の不法行為責任を肯定した判例（最判昭56.1.27）がありますので、指摘するようにしましょう。

ポイント整理 行政計画に対する救済と取消訴訟

処分性あり	処分性なし
①土地区画整理事業の事業計画決定（最大判平20.9.10） ②第二種市街地再開発事業計画（最判平4.11.26）	用途地域の指定（最判昭57.4.22）

判例チェック 土地区画整理事業の事業計画決定：最大判平20.9.10

事案	Ｙ市が決定した土地区画整理事業計画の区域内に土地を所有しているＸらが、同決定の違法性を主張して取消訴訟を提起した
結論	事業計画の処分性（行政事件訴訟法３条２項）肯定
判旨	市町村施行の土地区画整理事業の事業計画の決定は、施行地区内の宅地所有者等の法的地位に変動をもたらし、実効的な権利救済のためにも、抗告訴訟の提起を認めるのが合理的である

参考答案　800字

1．意義

行政計画とは、行政機関が将来の一定期間内に達成すべき目標を設定し、そのために必要な諸手段を調整する作用をいう。

行政計画の意義

2．分類

行政計画は、着目する側面によって、複数の類型化が可能である。例えば、期間の長短（長期計画・中期計画・短期計画等）、対象エリアの広狭（全国計画、地方計画、地域計画）、法律の根拠の有無（法定計画、事実上の計画）、法的拘束力の有無（拘束的計画、誘導的計画、指針的計画）などである。

行政計画の分類

200字▶

3．法的統制

(1)　侵害留保原則からすれば、法律の根拠は不要となるが、拘束的計画については法律の根拠が必要である。

法律の根拠の要否

(2)　行政手続法には、計画策定手続についての規定は置かれていないが、個別の法律で、計画策定手続を定めるものもある（例えば、国土利用計画法における公聴会の開催等）。

計画策定手続

400字▶

4．行政計画に対する救済

(1)　この点、判例は、具体性のある事業計画等にはできるだけ取消訴訟の提起を許容している。

取消訴訟の提起

例えば、用途地域の指定は、その効果は法令が制定された場合と同様、一般的抽象的なものにすぎないから、取消訴訟の対象とならないとし、土地区画整理事業の事業計画決定については、施行地区内の宅地所有者等の法的地位に変動をもたらすから、取消訴訟の対象となるとしている。

600字▶

(2)　次に、計画の取消し、変更により、当初の計画を信頼した者が不測の損害を被ることがある。

計画の取消し・変更と損害賠償責任

例えば、村長選挙の結果、工場誘致計画が変更され、相手方が損害を被った事案において、地方公共団体の不法行為責任が認められている。

800字▶

以上

参考答案　1200字

1．意義

行政計画とは、行政機関が将来の一定期間内に達成すべき目標を設定し、そのために必要な諸手段を調整する作用をいう。

行政計画の意義

2．分類

行政計画は、着目する側面によって、複数の類型化が可能

行政計画の分類

である。例えば、①期間の長短により、長期計画・中期計画・短期計画等に分類されるほか、②対象エリアの広狭により、全国計画、地方計画、地域計画、③法律の根拠の有無により、法定計画と事実上の計画、④法的拘束力の有無により、拘束的計画、誘導的計画、指針的計画という区別も可能である。

200字▶

3．法的統制

(1) 法律の根拠の要否

法律の根拠の要否

この点、侵害留保原則からすれば、法律の根拠は不要となるが、拘束的計画については法律の根拠が必要となる。

400字▶

(2) 計画策定手続

計画策定手続

行政手続法には、計画策定手続についての規定は置かれておらず、計画策定手続に関する一般的な手続法上のルールは、わが国では未確立である。

もっとも、個別の法律においては、計画策定手続について定めているものもある（例えば、国土利用計画法における関係行政機関の長との協議、公聴会の開催等）。

600字▶

4．行政計画に対する救済

(1) 取消訴訟の提起

取消訴訟の提起

行政計画の事後統制として、まず行政計画に対して取消訴訟を提起してその違法を争う方法が考えられる。

この点、判例は、具体性のある事業計画等にはできるだけ処分性（行政事件訴訟法３条２項）を認め、取消訴訟の提起を許容している。

800字▶

例えば、用途地域の指定は、その効果は法令が制定された場合と同様、一般的抽象的なものにすぎないから、取消訴訟の対象とならないとしている。

これに対し、土地区画整理事業の事業計画決定については、施行地区内の宅地所有者等の法的地位に変動をもたらすから、取消訴訟の対象となるとしている。

1000字▶

(2) 損害賠償請求

計画の取消し・変更と損害賠償責任

次に、計画の取消し、変更により、当初の計画を信頼した者が不測の損害を被ることがある。

例えば、村長選挙の結果、工場誘致計画が変更され、相手方が損害を被った事案において、地方公共団体の不法行為責任が認められている。

以上

1200字▶

第16問 ★★

（オリジナル問題）

行政調査について説明せよ。

重要論点

1．行政調査の意義・種類
2．任意調査
　(1)　意義
　(2)　限界〜所持品検査、自動車の一斉検問
3．強制調査
4．行政調査の手続

1．行政調査の意義・種類

本問は、行政調査の一行問題ですので、行政調査の意義・種類を検討する必要があります。

ここでは、「行政目的達成のため必要な情報収集」のキーワードを示すこと、任意調査と強制調査の２種類があることを示すことが重要です。

2．任意調査

(1)　意義

ここでは、強制調査と区別する意味でも、任意調査の意義を検討することが必要です。「相手方の承諾を前提」のキーワードを示すことが重要です。

(2)　限界

ここでは、法律の根拠が不要であること、限界の問題として、①所持品検査（最判昭53.9.7）、②自動車の一斉検問（最決昭55.9.22）を検討することが必要です。

3．強制調査

強制調査では、法律の根拠が必要であることを示すことが重要です。その上で、強制の程度・態様が個別法で異なることも指摘する必要があります。

4．行政調査の手続

行政調査手続に関して、憲法の手続保障にかかる規定が適用されるかが

問題となりますので、必ず指摘する必要があります。

特に、川崎民商事件大法廷判決（最大判昭47.11.22）は、純然たる刑事手続だけでなく、それ以外にも、実質上刑事責任追及のための資料の取得収集に直接結びつく作用を一般的に有する場合にも手続保障が及ぶとしつつ、所得税法の質問検査につき、憲法35条1項、38条1項の規定は適用されないとしていることを必ず記述する必要があります。

ポイント整理 行政調査に関する判例

	判　旨
所持品検査（最判昭53.9.7）	職務質問に附随して行う所持品検査は所持人の承諾を得てその限度でこれを行うのが原則であるが、捜索に至らない程度の行為は、強制にわたらない限り、所持人の承諾がなくても、所持品検査の必要性、緊急性などを考慮し、具体的状況のもとで相当と認められる限度において許容される場合がある
自動車の一斉検問（最決昭55.9.22）	警察官が、交通取締の一環として交通違反の多発する地域等の適当な場所において、交通違反の予防、検挙のための自動車検問を実施し、同所を通過する自動車に対して走行の外観上の不審な点の有無にかかわりなく短時分の停止を求めて、運転者などに対し必要な事項についての質問などをすることは、それが相手方の任意の協力を求める形で行われ、自動車の利用者の自由を不当に制約することにならない方法、態様で行われる限り許される
川崎民商事件（最大判昭47.11.22）	①当該手続が刑事責任追及を目的とするものでないとの理由のみで、その手続における一切の強制が、憲法35条1項による保障の枠外にあることにはならない ②所得税法の検査は憲法35条1項の法意に反しない ③憲法38条1項による保障は、純然たる刑事手続以外にも、実質上刑事責任追及のための資料の取得収集に直接結びつく作用を一般的に有する手続には及ぶ ④所得税法の質問、検査は、憲法38条1項にいう「自己に不利益な供述」の「強要」にあたらない

参考答案 800字

1．意義

行政調査とは、行政機関が行政目的達成のため必要な情報収集活動をいい、任意調査と強制調査の２種類がある。 | 意義

2．任意調査

(1) 任意調査とは、相手方の承諾を前提とする行政調査をいう。 | 任意調査の意義

(2) この任意調査の場合、法律の根拠は不要であるが、どの程度の有形力の行使が許容されるかが問題となる。 | 任意調査の限界

200字▶

ア．所持品検査

職務質問に附随して行う所持品検査は、所持人の承諾を得て行うのが原則であるが、捜索に至らない程度の行為は、強制でない限り、所持人の承諾がなくても、所持品検査の必要性、緊急性及び相当性の限度で許容される。 | 所持品検査

イ．自動車の一斉検問

400字▶

不審事由の有無と関係なく行う一斉検問は、相手方の任意の協力の下、自動車の利用者の自由を不当に制約しない方法、態様で行われる限り、許される。 | 自動車の一斉検問

3．強制調査

強制調査の場合、強制の契機を有する以上、法律の根拠が必要である。もっとも、強制の程度・態様は個別法によって異なっている。 | 強制調査

600字▶

4．行政調査の手続

行政調査手続を規律する一般法はなく、個別法により規定されることになるが、強制調査については、憲法の手続保障にかかる規定が適用されるかが問題となる。 | 行政調査の手続

この点について、判例は、所得税法の質問検査は、実質上、刑事責任追及のための資料の取得収集に直接結びつく作用ではないから、憲法35条、38条の適用はないとした。

800字▶

以上

参考答案 1200字

1．意義

行政調査とは、行政機関が行政目的達成のため必要な情報を収集する活動をいい、任意調査と強制調査の２種類がある。 | 意義

2．任意調査

(1) 意義

任意調査とは、相手方の承諾を前提とする行政調査をい | 任意調査の意義

う。

(2) 限界

200字▶

この任意調査の場合、法律の根拠は不要であるが、任意調査の限界、すなわち、調査においてどの程度の有形力の行使が許容されるかが問題となる。

任意調査の限界

ア．所持品検査

職務質問に附随して行う所持品検査は、所持人の承諾を得て行うのが原則であるが、捜索に至らない程度の行為は、強制でない限り、所持人の承諾がなくても、所持品検査の必要性、緊急性及び相当性の限度で許容される。

400字▶

所持品検査

イ．自動車の一斉検問

不審事由の有無と関係なく行う一斉検問は、相手方の任意の協力の下、自動車の利用者の自由を不当に制約しない方法、態様で行われる限り、許される。

自動車の一斉検問

3．強制調査

600字▶

強制調査の場合、強制の契機を有する以上、法律の根拠が必要である。もっとも、強制の程度・態様は個別法によって異なっている。

強制調査

例えば、①実力行使を伴うものは、現行法上、例外的に認められ、②行政調査にあたって実力の行使までは認められていないが、調査拒否や虚偽報告について罰則が設けられているものがあり、さらに、③調査拒否に対し、罰則は設けられていないが、給付拒否がなされる場合がある。

800字▶

4．行政調査の手続

行政調査手続を規律する一般法はなく、個別法により規定されることになるが、強制調査については、憲法の手続保障にかかる規定が適用されるかが問題となる。

行政調査の手続

例えば、令状主義を定める憲法35条、供述拒否権を定める憲法38条は、純然たる刑事手続だけでなく、それ以外にも、実質上刑事責任追及のための資料の取得収集に直接結びつく作用を一般的に有する場合にも及ぶことになる。

1000字▶

もっとも、判例は、所得税法の質問検査は、実質上、刑事責任追及のための資料の取得収集に直接結びつく作用ではないから、憲法35条、38条の規定は適用されないとした。

以上

1200字▶

第17問 ★★ （都庁－平26）

行政上の強制執行の意義を述べた上で、行政上の強制執行の種類を４つあげ、それぞれ説明せよ。

重要論点

1．行政上の強制執行
2．執行罰
3．直接強制
4．強制徴収
5．代執行

答案作成上の注意点

1．行政上の強制執行

本問は、「行政上の強制執行」に関する理解を問う問題ですので、まず定義、特徴、種類を検討する必要があります。とくに、行政上の強制執行の特徴として、行政罰、即時強制との区別は基本的知識であり重要ですので、正確に論じることが必要です。

その上で、本問のメインである「強制執行の種類を４つあげて説明」することになります。

2．執行罰

執行罰の内容を説明するために、執行罰の定義を示す必要があります。そして、執行罰の特徴として、相手方が義務を履行するまで反復して課すことができる点をあげるのもよいでしょう。

3．直接強制

ここでも、内容の説明として、直接強制の定義を正確に指摘する必要があります。

そして、直接強制は、人権侵害の危険性の高いものですので、法律上の根拠の要否について検討した上、条例による直接強制を行政代執行法１条との関係から肯定できるかについて指摘する必要があります。

4．強制徴収

強制徴収は、「金銭債権の強制執行の手続」ですので、内容の説明として定義を論述する際には、キーワードを落とさないことが必要です。

5．代執行

代執行は、行政代執行法がその一般法です。代執行の対象は、法律（法律の委任に基づく命令、規則および条例を含む）により直接命じられ、又は行政庁によって命じられた代替的作為義務です。

ポイント整理 行政上の強制執行の種類

	代執行	行政上の強制徴収	執行罰	直接強制
義務の種類	代替的作為義務のみ	金銭給付義務	非代替的作為義務 不作為義務	代替的作為義務 非代替的作為義務 不作為義務
具体例	建築基準法による違法建築の除却命令	国税徴収法による国税滞納処分	砂防法による過料	成田新法による工作物の除去

判例チェック 司法的執行の可能性（宝塚パチンコ事件）：最判平14.7.9

※行政上の強制執行は、行政上の義務履行の実現を図るものですが（行政的執行）、行政上の義務を裁判所への訴訟提起で実現することもあります（司法的執行の可能性）。

事案	パチンコ店等の出店規制条例を制定したX市の市長Aは、Yから求められたパチンコ店店舗建設の同意を拒否したが、Yは、X市建築審査会に審査請求をし、店舗建築を認める裁決を得たため店舗の建築を開始したところ、X市は、Yに工事続行の禁止を求める民事訴訟をB裁判所に提起した
結論	本件民事訴訟は、行政権の主体として提起した訴訟であり、不適法である
判旨	①財産権の主体として提起する場合：国又は地方公共団体が提起した訴訟であって、財産権の主体として自己の財産上の権利利益の保護救済を求めるような場合には、法律上の争訟に当たる ②行政権の主体として提起する場合：国又は地方公共団体が専ら行政権の主体として国民に対して行政上の義務の履行を求める訴訟は、法規の適用の適正ないし一般公益の保護を目的とするものであって、自己の権利利益の保護救済を目的とするものということはできないから、法律上の争訟として当然に裁判所の審判の対象となるものではなく、法律に特別の規定がある場合に限り、提起することが許される

参考答案 800字

1．意義

行政上の強制執行とは、行政上の義務の不履行に関して行政機関が自ら義務履行の実現を図る制度をいう。

この行政上の強制執行には、①執行罰、②直接強制、③強制徴収、④代執行がある。

行政上の強制執行

2．執行罰

執行罰とは、義務者に自ら義務を履行させるため、あらかじめ義務不履行の場合には過料を課すことを予告するとともに、義務不履行の場合にはそのつど過料を徴収することによって、義務の履行を促す間接強制の方法である。

執行罰

200字 ▶

3．直接強制

直接強制とは、義務者が義務を履行しない場合に、直接、義務者の身体又は財産に実力を加え、義務の内容を直接的に実現するものをいう。

行政上の直接強制は、一般的根拠規範がないので、個別の法律の根拠が必要である。

直接強制

400字 ▶

4．強制徴収

行政上の強制徴収とは、金銭債権の強制執行の手続をいう。

行政上の強制徴収は、国税徴収法の定めが基本となっているが、国税徴収法は、国税債権の徴収に関わる手続の定めであるため、国税債権以外の行政上の金銭債権に同法の定める強制徴収手続を適用するには、法律に当該債権の徴収は「国税滞納処分の例による」といった明文の規定が必要である。

強制徴収

600字 ▶

5．代執行

代執行とは、代替的作為義務が履行されない場合、行政庁が自ら義務者のすべき行為をし、または第三者にさせ、その費用を義務者から徴収する制度をいう。行政代執行法がその一般法である。

代執行

800字 ▶

以上

参考答案 1200字

1．意義

行政上の強制執行とは、行政上の義務の不履行に関して行政機関が自ら義務履行の実現を図る制度をいう。

強制執行は、将来に向けて一定の状態を実現するものである点において、過去の義務の不履行に対する制裁である行政罰と区別される。また、義務の不履行を前提とするものであ

行政上の強制執行

る点で、義務の不履行を前提とせずに行政上必要な状態を直接に実現するための強制手段である即時強制と区別される。

200字▶

この行政上の強制執行には、①執行罰、②直接強制、③強制徴収、④代執行がある。

2．執行罰

執行罰

執行罰とは、義務者に自ら義務を履行させるため、あらかじめ義務不履行の場合には過料を課すことを予告するとともに、義務不履行の場合にはそのつど過料を徴収することによって、義務の履行を促す間接強制の方法をいう。

400字▶

執行罰は、刑罰ではないから、相手方が義務を履行するまで反復して課すことができる。

3．直接強制

直接強制

直接強制とは、義務者が義務を履行しない場合に、直接、義務者の身体又は財産に実力を加え、義務の内容を直接的に実現するものをいう。

600字▶

行政上の直接強制は、一般的根拠規範がないので、個別の法律の根拠が必要である。行政代執行法１条は条例を挙げていないので、条例で直接強制を定めることはできない。

4．強制徴収

強制徴収

行政上の強制徴収とは、金銭債権の強制執行の手続をいう。

行政上の強制徴収は、国税徴収法の定めが基本となっているが、国税徴収法は、国税債権の徴収に関わる手続の定めであり、国税債権以外の行政上の金銭債権の徴収に当然に適用されるものではない。そのため、国税債権以外の行政上の金銭債権に同法の定める強制徴収手続を適用するには、法律に当該債権の徴収は「国税滞納処分の例による」といった明文の規定が必要である。

800字▶

5．代執行

代執行

1000字▶

代執行とは、代替的作為義務が履行されない場合、行政庁が自ら義務者のすべき行為をし、または第三者にさせ、その費用を義務者から徴収する制度をいう。

行政代執行法がその一般法である。代執行の対象は、法律（法律の委任に基づく命令、規則および条例を含む）により直接命じられ、又は行政庁によって命じられた代替的作為義務である。

以上

1200字▶

第18問 ★★

（特別区－平８）

行政上の即時強制について説明せよ。

重要論点

1．即時強制の意義
 ⑴ 定義
 ⑵ 具体例
 ⑶ 直接強制との相対化
2．法律の根拠の要否
3．有形力の行使
4．救済手続

1．即時強制の意義

⑴ 定義

本問は、即時強制の一行問題ですので、まず即時強制の定義を示すことが重要です。

⑵ 具体例

即時強制には、①身体に対する強制と②財産に対する強制とがありますので、それぞれについて具体例を示し、即時強制に関して具体的に理解していることをアピールすることも重要です。

⑶ 直接強制との相対化

類似制度・類似概念との比較検討も重要ですので、余力があれば、直接強制との比較・相対化を検討しましょう。

2．法律の根拠の要否

即時強制は、法律の根拠が必要となりますので、行政による有形力行使などの理由とともに指摘することも重要です。

3．有形力の行使

即時強制を行う場合、必要最少限の強制力を用いることができると考えられています（最大判昭48.4.25）。

4．救済手続

行政機関による事実行為であっても、即時強制は、強制的に人の自由を拘束し、継続的に受忍義務を課すものとして、処分性が認められる可能性がありますので、行政不服申立て又は裁判手続による救済の可能性を検討することになります。

ポイント整理 行政上の強制措置

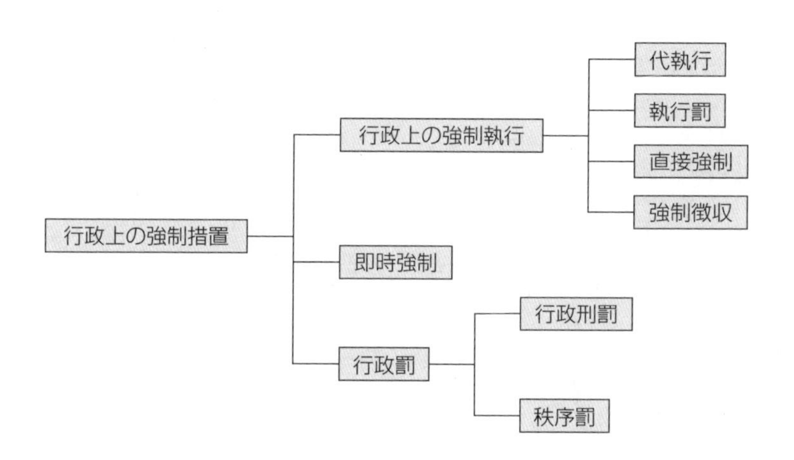

判例チェック 即時強制と実力行使：最大判昭48.4.25

事案	争議行為の一環として、駅信号所に立ち入った国鉄労働組合に所属するAは、退去強制を行おうとした鉄道公安職員に抵抗したため、住居侵入罪・公務執行妨害罪により起訴された
結論	即時強制を行う場合、必要最少限度の実力行使も許される
判旨	鉄道係員は、当該旅客、公衆を車外または鉄道地外に退去させうるが、その際には、まず退去を促すのが相当であるが、自発的な退去に応じない場合または危険が切迫する等やむをえない事情がある場合には、警察官の出動を要請せずに、鉄道係員が当該具体的事情に応じて必要最少限度の強制力を用いうる

参考答案　800字

1．即時強制の意義

即時強制の定義

行政上の即時強制とは、行政上の義務の不履行を前提とせずに、直接、義務者の身体又は財産に実力を加え、義務の内容を実現する作用をいう。

直接強制との相違点

即時強制は、義務の不履行を前提としない点で、私人の側の義務の存在を要件とする直接強制と異なる。

具体例

即時強制は、①身体に対する強制（例として、不法入国者の強制収容・強制送還など）と②財産に対する強制（例として、警察署長による道路上の違法工作物の除去など）とに分けることができる。

200字▶

2．法律の根拠の要否

法律の根拠の要否

人権保障の見地から、即時強制を実施するには、法律・条例の根拠が必要である。

ただ、即時強制の根拠となる法律・条例には、即時強制の目的・要件・限界が法定されていなければならない。

400字▶

3．有形力の行使

有形力の行使

即時強制を行う場合、法目的の実現を図るために、必要最小限の強制力を用いることができると考えられている。

例えば、鉄道事業の安全・確実な運営目的を実現するため、係員は直接旅客・公衆を車外等へ退去させる権限を有する。

600字▶

4．救済手続

救済手続

即時強制を受けると重大な損害を被るおそれがあり、その損害を避けるのに他に適切な方法がない場合には、行政事件訴訟法上の差止訴訟を提起し、あわせて仮の差止めを申し立てるなどして損害の事前予防に努めるべきである。

また、即時強制が既に実施され不利益状態におかれている場合は、行政不服申立て又は取消訴訟によって不利益状態の排除・撤廃を求めなければならない。

800字▶

以上

参考答案　1200字

1．即時強制の意義

(1)　定義

即時強制の定義

行政上の即時強制とは、行政上の義務の不履行を前提とせずに、直接、義務者の身体又は財産に実力を加え、義務の内容を実現する作用をいう。

(2)　具体例

　即時強制は、身体に対する強制と財産に対する強制とに分けることができる。

具体例

200字▶

　前者の例として、いわゆる不法入国者の強制収容・強制送還などがあり、後者の例として、警察署長による道路上の違法工作物の除去などがある。

(3)　直接強制との相違点・相対化

　即時強制は、義務の不履行を前提としない点で、私人の側の義務の存在を要件とする直接強制と異なる。

直接強制との相違点

400字▶

　しかし、即時強制と直接強制との違いは、実際上大きくない。例えば、違法駐車のレッカー移動では、移動命令を前提としない移動は即時強制であるのに対し、移動命令を前提とした移動は直接強制であるが、実際上の措置として質的に異なるものではない。

直接強制との相対化

2．法律の根拠の要否

　即時強制は、行政権の実力行使によって行政目的を実現しようとする制度であるから、人権保障の見地から、即時強制を実施するには、法律・条例の根拠が必要である。

法律の根拠の要否

600字▶

　ただ、即時強制の根拠となる法律・条例には、即時強制の目的・要件・限界が法定されていなければならない。

3．有形力の行使

　即時強制を行う場合、それぞれの法目的の実現を図るために、具体的事情に応じ必要最小限の強制力を用いることができると考えられている。

有形力の行使

800字▶

　例えば、鉄道事業の公共性にかんがみ、事業の安全かつ確実な運営を可能ならしめるため、鉄道係員に直接旅客・公衆を車外等に退去させる排除権限が与えられている。

4．救済手続

　即時強制を受けると重大な損害を被るおそれがあり、その損害を避けるのに他に適切な方法がない場合には、行政事件訴訟法上の差止訴訟を提起し、あわせて仮の差止めを申し立てるなどして損害の事前予防に努めるべきである。

救済手続

1000字▶

　また、即時強制が既に実施され不利益状態におかれている場合は、行政不服申立て又は取消訴訟によって不利益状態の排除・撤廃を求めなければならない。

以上

1200字▶

第19問 ★★★

（特別区－平13）（都庁－平11）

行政罰について説明せよ。

重要論点

1．行政罰の意義・種類
2．行政刑罰
3．秩序罰
4．行政罰との併科

1．行政罰の意義・種類

本問は、「行政罰」の一行問題ですので、まず行政罰の定義・種類を検討する必要があります。行政罰の種類として、①行政刑罰と②秩序罰がありますので、この２種類をしっかり示すことが重要です。

2．行政刑罰

⑴　意義

行政刑罰の本質は、刑法上の刑罰であり、そこから、刑法総則が適用されるなどの特徴を指摘することが重要です。

⑵　両罰規定

行政刑罰については、両罰規定を置くことができることも特徴の１つとして挙げられます。

⑶　手続

行政刑罰の本質が刑法上の刑罰であることから、行政刑罰は、刑事訴訟法の定める手続によって科されることも特徴として示すことが必要です。

3．秩序罰

⑴　意義

秩序罰の特徴は、「軽微な違反行為に対して過料を科す」ことですので、このキーワードをしっかり示すことが重要です。

⑵　手続

手続については、過料は刑罰でないことから、行政刑罰と異なり、刑法総則の適用がないこと、刑事訴訟法の手続による必要のないことを挙げることが重要です。

その上で、①法律違反に対する秩序罰と②地方公共団体の秩序罰の2種類があり、前者は非訟事件手続法の定めにより、過料の裁判を経て執行されること、後者は地方自治法の定めるところにより、地方公共団体の長の処分によって科されることを指摘することが重要です。

4．行政罰との併科

行政罰と懲戒罰、執行罰、秩序罰との併科が可能であることを示すことも重要です。

ポイント整理 行政刑罰と秩序罰

	行政刑罰	秩序罰
罰の種類	刑法上の刑罰（死刑・懲役・禁錮・罰金・拘留・科料）	刑罰以外の制裁（過料）
刑法総則の適用	あり（刑法8条）	なし
手続	刑事訴訟法の定める手続 ※道路交通法における反則金制度など、刑罰以外の手続によって処理される場合もある（ダイバージョン）	①法律違反の場合 非訟事件手続法の定める手続 ②地方公共団体の場合 地方公共団体の長の処分（地方自治法255条の3第1項）

判例チェック 行政刑罰と秩序罰の併科：最判昭39.6.5

事案	Yは、刑事裁判で正当な理由なく証言を拒んだため、刑事訴訟法160条所定の過料に処せられた後、刑事訴訟法161条違反を理由に起訴された
結論	行政刑罰と秩序罰の併科は可能
判旨	刑事訴訟法160条は秩序罰としての過料を規定したものであり、同161条は刑罰としての罰金、拘留を規定したものであって、両者は目的、要件及び実現の手続を異にし、必ずしも二者択一の関係にあるものではなく併科を妨げない

参考答案　800字

1．行政罰の意義・種類

行政罰とは、行政上の義務の不履行に対する制裁をいう。これには、①行政刑罰と②秩序罰がある。

行政罰の意義・種類

2．行政刑罰

⑴　行政刑罰とは、行政上の義務違反に対して科される刑法上の刑罰（死刑・懲役・禁錮・罰金・拘留・科料）をいう。

行政刑罰

200字▶

行政刑罰も刑罰であるから、二重処罰禁止（憲法39条後段）、罪刑法定主義（憲法31条）、刑法総則が適用される（刑法8条）。

⑵　行政刑罰は、刑事訴訟法の定める手続によって科される。もっとも、道路交通法における反則金制度など、刑罰以外の手続によって処理される場合もある。

⑶　行政刑罰は、刑事罰とは異なり、違反行為者の他、事業主等も罰する両罰規定を置くことができる。

400字▶

3．秩序罰

⑴　秩序罰とは、行政上の軽微な違反行為に対して過料を科すものをいう。

秩序罰

⑵　秩序罰は、刑法上の刑罰ではないから、刑法総則の適用はなく、刑事訴訟法とは別個の手続により執行される。

法律違反に対する秩序罰は、非訟事件手続法の定めるところにより、地方裁判所（簡易裁判所の場合もある）における過料の裁判を経て検察官の命令で執行される。

600字▶

これに対して、地方公共団体の秩序罰は、地方自治法の定めるところにより、地方公共団体の長の処分によって科される（地方自治法255条の3第1項）。

4．行政罰との併科

行政罰と懲戒罰、執行罰、秩序罰との併科は、いずれも可能である。

行政罰との併科

800字▶

以上

参考答案　1200字

1．行政罰の意義・種類

行政罰とは、行政上の義務の不履行に対する制裁をいう。これには、①行政刑罰と②秩序罰がある。

行政罰の意義・種類

行政刑罰と秩序罰は、ともに過去の行政上の義務違反に対する制裁であること、また違反行為を抑止する機能を期待される点において共通点を有する。

しかし、行政刑罰は、刑法に刑名のある刑罰であるのに対して、秩序罰は刑法上の刑罰ではなく、過料という制裁を科す点において、両者は異なる。

200字▶

2．行政刑罰

(1) 意義

行政刑罰

行政刑罰とは、行政上の義務違反に対して科される刑法上の刑罰（死刑・懲役・禁錮・罰金・拘留・科料）をいう。

行政刑罰も刑罰であるから、二重処罰の禁止の原則（憲法39条後段）、罪刑法定主義（法律なければ刑罰なしの原則：憲法31条）、刑法総則が適用される（刑法８条）。

400字▶

(2) 両罰規定

行政刑罰については、刑事罰とは異なり、違反行為者だけではなく、その使用者及び事業主をも罰する両罰規定を置くことができる。

(3) 手続

600字▶

行政刑罰は、刑事訴訟法の定める手続によって科される。もっとも、道路交通法における反則金制度など、刑罰以外の手続によって処理される場合もある（ダイバージョン）。

3．秩序罰

(1) 意義

秩序罰

秩序罰とは、行政上の軽微な違反行為に対して過料を科すものをいう。

800字▶

(2) 手続

過料は刑罰ではないから、刑法総則の適用はないほか、過料を科すには刑事訴訟の手続による必要はない。

法律違反に対する秩序罰は、非訟事件手続法の定めるところにより、地方裁判所（簡易裁判所の場合もある）における過料の裁判を経て、検察官の命令で執行される。

1000字▶

これに対して、地方公共団体の秩序罰は、地方自治法の定めるところにより、地方公共団体の長の処分によって科される（地方自治法255条の３第１項）。

4．行政罰との併科

行政罰との併科

行政罰と懲戒罰、執行罰、秩序罰との併科はいずれも可能である。

以上

1200字▶

第2章
行政手続法

第20問 ★★

(都庁－平10)

行政手続法について説明せよ。

重要論点

1．総説
2．申請に対する処分
3．不利益処分
4．行政指導
5．届出
6．意見公募手続等

1．総説

本問は、行政手続法の一行問題ですので、総説として、①法の目的、②規律対象の指摘が必要となります。

規律対象は、①処分（申請に対する処分、不利益処分）、②行政指導、③届出、④命令等を定める手続ですので、各項目を指摘する必要があります。

なお、行政手続法が平成５年に成立した旨の指摘は、知識を有していることを採点者にアピールできる部分でもありますので、しっかり暗記しておくとよいでしょう。

2．申請に対する処分

申請の定義については、「許認可に対する行政庁の諾否」がキーワードですので、しっかり指摘するようにしましょう。

3．不利益処分

不利益処分のキーワードは、「法令に基づくこと」、「直接」、「義務を課し、または権利を制限」ですので、指摘できるようにしましょう。

そして、意見陳述手続として聴聞と弁明の機会の付与がありますので、両者の指摘をしましょう。

4．行政指導

行政指導のキーワードは、「処分に該当しない」ですので、正確に指摘できるようにしましょう。

5．届出

届出のキーワードは、「申請を除くこと」、「通知が義務付けられるもの」ですので、しっかり定義を押さえておきましょう。

6．意見公募手続等

意見公募手続等のキーワードは、「命令等を定める場合」ですので、命令等の内容である①法律に基づく命令又は規則、②審査基準、③処分基準、④行政指導指針を指摘することが重要です。

ポイント整理 申請拒否処分と不利益処分

		申請拒否処分	不利益処分
理由の提示	原則	処分と同時に示す（8条1項本文）	処分と同時に示す（14条1項本文）
	例外	法令に定められた許認可等の要件・公にされた審査基準が客観的指標により明確に定められており、当該申請がこれらに適合しないことが明らかであるときは、申請者の求めがあったときに示す（8条1項ただし書）	差し迫った必要があるときは、処分後相当の期間内に理由を示す（14条1項ただし書、2項） ※処分後において理由を示すことが困難な事情があるときは提示不要
意見陳述手続		不要	必要（13条）
基準の設定		審査基準（5条）	処分基準（12条）
標準処理期間の設定		あり（6条）	なし
公聴会の開催		努力義務（10条）	規定なし

参考答案　800字

1．意義

行政手続法は、行政運営の公正の確保と透明性の向上を図り、国民の権利利益の保護に資することを目的として（1条1項）、平成5年に成立したものである。

目的

2．申請に対する処分（第2章）

申請に対する処分とは、国民が法令に基づいて行政庁に許認可等（許可・認可・免許その他の自己に対し何らかの利益を付与する処分）を求め、これに対して行政庁が諾否の応答をする処分のことである（2条3号）。

申請に対する処分

200字▶

3．不利益処分（第3章）

不利益処分とは、行政庁が、法令に基づき、特定の者を名あて人として、直接に、これに義務を課し、またはその権利を制限する処分である（2条4号）。不利益処分をする際の意見陳述手続として、①聴聞と②弁明の機会の付与がある（13条）。

不利益処分

400字▶

4．行政指導（第4章）

行政指導とは、行政機関がその任務又は所掌事務の範囲内において一定の行政目的を実現するため特定の者に一定の作為又は不作為を求める指導、勧告、助言その他の行為であって処分に該当しないもののことである（2条6号）。

行政指導

5．届出（第5章）

届出は、申請に該当するものを除く、行政庁に一定の事項の通知をする行為であって、法令により直接に当該通知が義務付けられているものである（2条7号）。

届出

600字▶

6．意見公募手続等（第6章）

命令等制定機関は、命令等を定めようとする場合には、意見公募手続を執らなければならないとされている（2条8号、39条1項）。

意見公募手続等

以上

800字▶

参考答案　1200字

1．意義

(1)　従来、行政作用は多分野にわたるため、行政手続は、もっぱら個別法の定めに委ねられてきたが、不備不統一が目立ち、行政手続に関する一般法理の形成が妨げられた。

そこで、行政運営の公正の確保と透明性の向上を図り、国民の権利利益の保護に資することを目的として（1条1

目的

項)、平成5年に行政手続法が成立した。

200字▶

(2) 現在、行政手続法の規律対象は、①処分（申請に対する処分、不利益処分)、②行政指導、③届出に関する手続、④命令等を定める手続である。

規律対象

2．申請に対する処分（第2章）

申請に対する処分とは、国民が法令に基づいて行政庁に許認可等（許可・認可・免許その他の自己に対し何らかの利益を付与する処分）を求め、これに対して行政庁が諾否の応答をする処分のことである（2条3号)。

申請に対する処分

400字▶

行政手続法は、申請を法に従って迅速に処理するため、行政庁の手続上の義務を規定している。

3．不利益処分（第3章）

不利益処分とは、行政庁が、法令に基づき、特定の者を名あて人として、直接に、これに義務を課し、またはその権利を制限する処分をいう（2条4号)。

不利益処分

600字▶

不利益処分をする際の意見陳述手続は、処分が与える不利益の程度に応じて、手厚い手続保障が与えられている聴聞と、略式手続である弁明の機会の付与に分かれる（13条)。

4．行政指導（第4章）

行政指導とは、行政機関がその任務又は所掌事務の範囲内において一定の行政目的を実現するため特定の者に一定の作為又は不作為を求める指導、勧告、助言その他の行為であって処分に該当しないもののことである（2条6号)。

行政指導

800字▶

5．届出（第5章）

届出は、申請に該当するものを除く、行政庁に一定の事項の通知をする行為であって、法令により直接に当該通知が義務付けられているものをいい（2条7号)、行政庁の受理行為を要せず、到達という事実をもって直ちに届出の効果が生ずるとされている。

届出

1000字▶

6．意見公募手続等（第6章）

行政立法等への国民参加の手続（意見公募手続）を設けるべく、平成17年に行政手続法が改正され、命令等制定機関は、命令等、具体的には、①法律に基づく命令又は規則、②審査基準、③処分基準、④行政指導指針を定めようとする場合には、意見公募手続を執らなければならないとされている（2条8号、39条1項)。

意見公募手続等

以上

1200字▶

(特別区－平19)

行政手続法に規定する不利益処分について説明せよ。

重要論点

1．意義
2．不利益処分に共通する手続～処分基準の設定・公表、理由提示
3．不利益処分と意見陳述手続
(1) 聴聞と弁明の機会の付与
(2) 聴聞手続
(3) 弁明の機会の付与

1．意義

本問は、行政手続法に規定する不利益処分の一行問題ですので、不利益処分の定義をしっかり指摘することが重要です。本問のような抽象的な問題では、論述に具体性をもたせるために、具体例を指摘できるとよいでしょう。

2．不利益処分に共通する手続

条文上、不利益処分に共通する手続として、①処分基準の設定・公表、②理由提示がありますので、この指摘をするようにしましょう。

理由提示に関しては、重要判例（最判平23.6.7）もありますが、本問の重要部分は、次の意見陳述手続ですので、余力があっても、紹介程度の記述で十分でしょう。

3．不利益処分と意見陳述手続

(1) 聴聞と弁明の機会の付与

意見陳述手続として、①聴聞と②弁明の機会の付与がありますので、この2点の指摘が必ず必要です。その際には、聴聞が手続保障の厚い厳格な手続であるのに対して、弁明の機会の付与が略式の手続であることを指摘できるかどうかが重要なポイントとなります。

(2) 聴聞手続

聴聞は手続保障の厚い手続であり、その趣旨は、口頭主義の採用、行

政庁の裁量による手続の公開のほか、当事者の手続上の権利に現れています。

(3) 弁明の機会の付与

弁明の機会の付与には、聴聞の手続の規定のうち、代理人に関する規定が準用されていますが、略式手続たる性格上、書面審理主義が採用されているなど、聴聞との相違点がありますので（ポイント整理：聴聞と弁明参照）、比較検討を示しながら記述されるとよいでしょう。

ポイント整理 聴聞と弁明

	聴聞	弁明
審理方式	原則として口頭	原則として書面（29条1項）
参加人の関与	○（17条1項）	×
文書等の閲覧請求権	○（18条1項前段）	×
代理人の選任	○（16条1項、31条）	
証拠書類等の提出権	○（20条2項、29条2項）	

判例チェック 理由提示の程度：最判平23.6.7

事案	一級建築士Xは、国土交通大臣Yから一級建築士免許取消処分を受けたが、公にされている処分基準の適用関係が理由として示されていない違法な処分であるとして、取消訴訟を提起した
結論	いかなる理由によりどのような処分基準の適用によって取消処分がなされたか不明な処分は違法である
判旨	どの程度の理由を提示すべきかは、当該処分の根拠法令の規定内容、当該処分に係る処分基準の存否及び内容並びに公表の有無、当該処分の性質及び内容、当該処分の原因となる事実関係の内容等を総合考慮して決定すべきである

参考答案　800字

1．意義

　不利益処分とは、行政庁が、法令に基づき、特定の者を名あて人として、直接に、これに義務を課し、またはその権利を制限する処分をいう（２条４号）。

意義

2．不利益処分に共通する手続

(1)　行政庁は、処分基準を定め、公にするよう努めなければならない（12条１項）。

処分基準の設定・公表

200字▶

(2)　行政庁は、不利益処分をする場合には、原則として相手方に対し、理由提示を同時にしなければならない（14条１項）。

理由提示

3．不利益処分と意見陳述手続

(1)　行政庁は、不利益処分をする場合は、相手方に防御の機会を与えるため、意見陳述手続を執らなければならない。

　この意見陳述手続は、不利益の程度に応じて、①聴聞と、②弁明の機会の付与に分かれる（13条）。

意見陳述手続

400字▶

(2)　聴聞の審理は、原則として、口頭主義が採用され、意見のやりとりができるほか、非公開主義が採用されつつも、行政庁の裁量により公開とすることができる（20条６項）。

　当事者は、口頭意見陳述権、証拠書類等提出権、文書等閲覧請求権が付与されているほか（20条２項）、第三者が参加人として手続に関与できる（17条、18条１項）。

聴聞手続

600字▶

(3)　弁明の機会の付与の手続は、代理人の選任ができるが（16条１項、31条）、略式手続であるため、審理は書面主義（29条１項）であるほか、参加人制度、文書等閲覧請求権、主宰者の制度もないなど聴聞との相違点がある。

弁明手続

以上

800字▶

参考答案　1200字

1．意義

　不利益処分とは、行政庁が、法令に基づき、特定の者を名あて人として、直接に、これに義務を課し、またはその権利を制限する処分をいう（２条４号）。例えば、営業停止処分、営業許可の取消処分などがその具体例である。

意義

2．不利益処分に共通する手続

200字▶

(1) 処分基準の設定・公表

行政庁は、処分基準を定め、公にするよう努めなければならない（12条1項）。処分基準の設定公表は、画一的基準の設定の困難性から、努力義務となっている。

処分基準の設定・公表

(2) 不利益処分の理由提示

行政庁は不利益処分をする場合、原則として、相手方に対し理由提示を同時にしなければならない（14条1項）。

理由提示

3．不利益処分と意見陳述手続

400字▶

(1) 聴聞と弁明の機会の付与

行政庁は、不利益処分をする場合は、相手方に防御の機会を与えるため、意見陳述手続を執らなければならない。

この意見陳述手続は、不利益の程度に応じて、①手厚い手続保障が与えられる聴聞と、②略式手続である弁明の機会の付与に分かれる（13条）。

意見陳述手続

(2) 聴聞手続

600字▶

聴聞は、通知（15条）、審理（19条～23条）、調書・報告書の提出（24条）、決定（26条）、理由提示（14条）の流れで行われる。

聴聞の審理は、原則として、口頭主義が採用され、意見のやりとりができるほか、非公開主義が採用されつつも、行政庁の裁量により公開とすることができる（20条6項）。

当事者は、口頭意見陳述権、証拠書類等提出権、文書等閲覧請求権を有するほか（20条2項、18条1項）、第三者が参加人として手続に関与できる（17条）。

800字▶

聴聞手続

(3) 弁明手続

弁明手続は、相手方への通知（30条）、弁明書の提出（29条）、理由提示（14条）の流れで行われる。

そして、弁明手続には、名宛人が所在不明の場合の送達方法（15条3項）、代理人の選任、権限、証明方法等（16条）に関して聴聞手続の規定が準用される（31条）。

1000字▶

しかし、弁明手続は、略式手続であるため、審理は書面主義（29条1項）であるほか、参加人制度、文書等閲覧請求権、主宰者制度もないなど聴聞との相違点がある。

弁明手続

以上

1200字▶

第22問 ★

（都庁－平21）

行政手続法に定める意見公募手続の制度について、地方公共団体への適用に言及して、説明せよ。

重要論点

1．意見公募手続制度
　(1)　意義
　(2)　一般原則
　(3)　意見公募手続
2．地方公共団体への適用

1．意見公募手続制度

(1)　意義

本問は、「意見公募手続の制度に関する説明」と「地方公共団体への適用」への言及が求められている問題ですので、大きな項目として、制度の説明と地方公共団体への適用に整理して論じるとよいでしょう。

その上で、意見公募手続の意義として、定義と制度趣旨をしっかり論じることが必要です。

(2)　一般原則

命令等を定めるにあたっての一般原則として、①法令の趣旨の遵守、②制定後の内容の適正確保の努力義務が定められていますので、この2点を指摘するのがよいでしょう。

(3)　意見公募手続

ここでは、まず命令等を定めようとする場合には、原則として、意見公募手続を執らなければならないこと、次に、命令等の意見公募手続として、①命令等の案・関連資料の公示、②一般の意見・情報の公募、③提出された意見・情報の考慮、④結果の公示という過程が定められていることを指摘することが重要です。

2．地方公共団体への適用

地方公共団体の機関の制定する命令等については、意見公募手続に関する規定は適用されません（行政手続法3条3項）。

地方公共団体では、独自に行政手続条例が制定され、さらには多くの地方公共団体が意見公募手続制度も制定しています。

ポイント整理　地方公共団体の実施する手続に対する行政手続法の適用

	法律に基づくもの	条例・規則に基づくもの
処分	○	×
行政指導	×	
届出	○	×
命令等を定める行為	×	

参考答案 800字

1．意見公募手続

(1) 意義

意見公募手続とは、行政機関が命令等を制定するに当たって、事前に命令等の案を示し、その案について広く国民から意見や情報を募集する手続をいう。

広く意見や情報を収集し、それらを考慮することによって、命令等の内容の適正を確保しようとするものである。

200字▶ この「命令等」には、①法律に基づく命令又は規則、②審査基準、③処分基準、④行政指導指針がある（行政手続法２条８号）。

意義

(2) 一般原則

命令等の内容の適正さを確保するため、命令等を定めるにあたっての一般原則として、①法令の趣旨の遵守、②制定後の内容の適正確保の努力義務が定められている。

一般原則

(3) 意見公募手続

400字▶

ア．意見公募手続の実施

命令等制定機関は、命令等を定めようとする場合、原則として、意見公募手続を執らなければならない。

意見公募手続の実施

イ．意見公募手続の内容

行政手続法は、命令等の意見公募手続として、①命令等の案・関連資料の公示、②一般の意見・情報の公募、③提出された意見・情報の考慮、④結果の公示という過

600字▶ 程を定めている（39条、42条、43条）。

意見公募手続の内容

2．地方公共団体への適用

地方公共団体の機関の制定する命令等は、民主主義的色彩が強く、地方自治の要請も大きいことから、行政手続法の意見公募手続に関する規定は適用されない（３条３項）。

地方公共団体への適用

以上

800字▶

参考答案 1200字

1．意見公募手続

(1) 意義

意見公募手続とは、行政機関が命令等を制定するに当たって、事前に命令等の案を示し、その案について広く国民から意見や情報を募集する手続をいう。

広く意見や情報を収集し、それらを考慮することによっ

意義

て、命令等の内容の適正を確保しようとするものである。

200字▶

この「命令等」には、①法律に基づく命令又は規則、②審査基準、③処分基準、④行政指導指針がある（行政手続法2条8号）。

(2) 一般原則

一般原則

命令等の内容の適正さを確保するため、命令等を定めるにあたっての一般原則として、①法令の趣旨の遵守、②制定後の内容の適正確保の努力義務が定められている。

(3) 手続

400字▶

ア．意見公募手続の実施

意見公募手続の実施

命令等制定機関は、命令等を定めようとする場合には、原則として、意見公募手続を執る必要がある。

イ．意見公募手続の内容

意見公募手続の内容

行政手続法は、命令等の意見公募手続として、①命令等の案・関連資料の公示、②一般の意見・情報の公募、③提出された意見・情報の考慮、④結果の公示という過程を定めている（39条、42条、43条）。

600字▶

①案等の公示、②意見公募

まず、命令等制定機関は、命令等の案等を公示し、意見の提出先と提出期間を定めて広く一般の意見を求める。

③提出意見の考慮

次に、命令等制定機関は、意見提出期間内に当該命令等制定機関に対し提出された当該命令等の案についての意見（提出意見）を十分に考慮しなければならない。

800字▶

④結果の公示

その上で、命令等制定機関が命令等を定めた場合には、当該命令等の公布と同時期に、命令等の題名、命令等の案の公示の日、提出意見等、提出意見を考慮した結果を公示しなければならない。また、命令等制定機関は、命令等を定めないこととした場合にも、命令等を定めない旨、命令等の題名、命令等の案の公示の日を速やかに公示しなければならない。

1000字▶

2．地方公共団体への適用

地方公共団体への適用

地方公共団体の機関の制定する命令等については、行政手続法の意見公募手続に関する規定は適用されない（3条3項）。命令等を定める手続は、民主主義的色彩が強く、地方自治の要請も大きいことから、法律に根拠を有するものであっても、一律に適用が除外されているのである。

以上

1200字▶

第3章
行政不服審査法

第23問 ★ （都庁－平７）

行政不服申立ての種類および行政不服申立ての要件について説明せよ。

重要論点

1．行政不服申立ての種類（審査請求、再調査の請求、再審査請求）
2．行政不服申立ての要件
⑴ 処分または不作為の存在
⑵ 不服申立適格
⑶ 権限を有する行政庁に申し立てること
⑷ 不服申立期間

答案作成上の注意点

1．行政不服申立ての種類

⑴ 不服申立ての種類については、①審査請求、②再調査の請求、③再審査請求の３種類がありますが、法改正により、不服申立ては、原則として審査請求の手続により行われることとされましたので（行政不服審査法２条）、審査請求の一元化について言及することが重要です。

⑵ その上で、再調査の請求および再審査請求の特徴を示すためにも、法律に定めがある場合に限り認められていることや、不作為については認められていないことの指摘も必要です。

2．行政不服申立ての要件

行政不服申立ての要件として、①処分または不作為の存在、②不服申立適格、③不服申立先の行政庁、④不服申立期間内での申立てが必要です。

その際には、②不服申立適格に関して、判例（最判昭53.3.14）がありますので、「不服申立て」の内容を示すことが重要です。

また、④不服申立期間については、処分についての審査請求の場合には申立期間の制限があるのに対して（18条１項本文）、不作為に対する審査請求の場合には、不作為状態が継続する限り、いつでも行うことができる点について注意が必要です。

ポイント整理 不服申立ての種類

	審査請求	再調査の請求	再審査請求
不服申立先	原則として、処分庁及び不作為庁に最上級行政庁がある場合には最上級行政庁	処分庁	個別の法律で定められる行政庁
対象	処分又は不作為	処分のみ　※不作為は対象外	
審理員制度	あり	なし	あり
処分についての不服申立て期間	①処分があったことを知った日の翌日から3か月 ②処分があった日の翌日から1年	①処分があったことを知った日の翌日から3か月 ②処分があった日の翌日から1年	①原裁決があったことを知った日の翌日から1か月 ②原裁決があった日の翌日から1年
第三者機関への諮問	あり	なし	なし
判断	裁決	決定	裁決

ポイント整理 旧法と新法の比較

	旧　法	新　法
不服申立ての類型	審査請求、異議申立て、再審査請求	審査請求、再調査の請求、再審査請求（審査請求の一元化）
主宰者	審査庁	審理員
申立期間	60日	3か月等
証拠書類等の閲覧	閲覧のみ	閲覧および謄写
第三者機関の諮問	無	有

判例チェック 不服申立適格（主婦連ジュース事件）：最判昭53.3.14

事案	主婦連合会Xは、Y（公正取引委員会）が社団法人日本果汁協会の申請に基づき認定した「飲料等の表示に関する公正競争協約」は適正な表示になっていないと主張してYに不服申立てをした
結論	Xに不服申立適格は認められない
判旨	不服がある者とは、当該処分について不服申立てをする法律上の利益がある者、すなわち、当該処分により自己の権利もしくは法律上保護された利益を侵害され又は必然的に侵害されるおそれのある者のことであり、単に一般消費者であるというだけでは、法律上の利益を有するとはいえない

参考答案 800字

1　行政不服申立ての種類

行政不服審査法の不服申立てには、①審査請求、②再調査の請求、③再審査請求の３種類がある（３条１項）。 ｜ 不服申立ての種類

審査請求とは、原則として処分庁又は不作為庁の最上級行政庁に対する不服申立てをいう（２条～４条）。 ｜ ①審査請求

再調査の請求とは、処分庁以外の行政庁に審査請求をすることができる場合において、個別の法律により許容されている処分庁に対する不服申立てをいう（５条１項）。 ｜ ②再調査の請求

200字▶

再審査請求とは、審査請求の裁決を経た後に原処分又は原裁決を対象として行うことが個別の法律により許容されている不服申立てをいい（６条１項）、審査請求の第二審である。 ｜ ③再審査請求

2　不服申立ての要件 ｜ 不服申立ての要件

(1)　審査請求の対象は処分・不作為であるのに対して（２条、３条）、再調査の請求、再審査請求は処分である。 ｜ ①処分・不作為の存在

400字▶

(2)　審査請求をなしうる者は、不服がある者でなければならない（２条１項）。これに対して、不作為の審査請求は、申請をした者ができる（３条）。 ｜ ②不服申立適格

(3)　審査請求では、原則として、処分庁及び不作為庁に最上級行政庁がある場合には最上級行政庁に対して行うのに対して（４条４号）、再調査の請求では処分庁、再審査請求では法律所定の行政庁に対して行う。 ｜ ③不服申立庁

600字▶

(4)　処分についての審査請求、再調査の請求は、原則として、処分があったことを知った日の翌日から３カ月、処分があった日の翌日から１年以内にしなければならない（18条１項・２項、54条１項・２項）。なお、再審査請求は、原裁決があったことを知った日の翌日から１か月、原裁決があった日の翌日から１年である（62条１項・２項）。 ｜ ④不服申立期間

これに対して、不作為に対する審査請求は、不作為の状態が継続する限り、いつでも行うことができる。　以上

800字▶

参考答案 1200字

1　行政不服申立ての種類

(1)　行政不服審査法の不服申立てには、①審査請求、②再調査の請求、③再審査請求の３種類がある（３条１項）。 ｜ 不服申立ての種類

ア　審査請求とは、原則として処分庁又は不作為庁の最上級行政庁に対する不服申立てをいう（２条～４条）。 ｜ ①審査請求

イ　再調査の請求とは、処分庁以外の行政庁に審査請求を ｜ ②再調査の請求

することができる場合において、個別の法律により許容されている処分庁への不服申立てをいう（5条1項）。

200字▶

ウ　再審査請求とは、審査請求の裁決を経た後に原処分又は原裁決を対象とすることが法律で許容されている不服申立てをいい（6条1項）、審査請求の第二審である。

③再審査請求

(2)　行政不服審査法平成26年改正により、不服申立ては、手続の公正さに問題のあった異議申立てが廃止され、審査請求に一元化された。

審査請求の一元化

もっとも、税務事件など事実認定が大量に提起される事案では、事案に精通した処分庁が再度審査する方が適切であるため、審査請求一元化の例外として、再調査の請求が認められている。審査請求と再調査の請求は、審査請求人の選択によりいずれかをなしうる（5条1項）。

400字▶

自由選択主義

2　不服申立ての要件

不服申立ての要件

(1)　処分または不作為の存在

①処分・不作為の存在

審査請求の対象は、処分又は不作為であるが（2条、3条）、再調査の請求及び再審査請求の対象は処分である。

600字▶

(2)　不服申立適格

②不服申立適格

ア　処分の違法・不当を争う者は、不服がある者でなければならない（2条1項）。この「不服がある者」とは、当該処分により自己の権利・法律上保護された利益を侵害され又は必然的に侵害されるおそれのある者である。

イ　不作為の審査請求は、申請した者ができる（3条）。

800字▶

(3)　権限を有する行政庁に申し立てること

③不服申立庁

審査請求では、原則として、処分庁及び不作為庁に最上級行政庁がある場合には最上級行政庁に対して行う（4条4号）。なお、再調査の請求では処分庁、再審査請求では法律所定の行政庁に対して行う。

(4)　不服申立期間

④不服申立期間

処分についての審査請求、再調査の請求は、原則として、処分があったことを知った日の翌日から3カ月、処分があった日の翌日から1年以内にしなければならない（18条1項・2項、54条1項・2項）。なお、再審査請求は、原裁決があったことを知った日の翌日から1か月、原裁決があった日の翌日から1年である（62条1項・2項）。

1000字▶

これに対して、不作為に対する審査請求は、不作為状態が継続する限り、いつでも行うことができる。　以上

1200字▶

第4章
行政事件訴訟法

第24問 ★★

(特別区－平元)

行政事件訴訟の種類をあげ、それぞれについて説明せよ。

重要論点

1．主観訴訟
(1) 抗告訴訟
① 処分取消訴訟
② 裁決取消訴訟
③ 無効等確認訴訟
④ 不作為違法確認訴訟
⑤ 義務付け訴訟
⑥ 差止訴訟
(2) 当事者訴訟
① 形式的当事者訴訟
② 実質的当事者訴訟
2．客観訴訟
(1) 民衆訴訟
(2) 機関訴訟

1．主観訴訟

(1) 抗告訴訟

問題文に「行政事件訴訟の種類をあげ」とありますので、どのような種類の行政事件訴訟があるのかを検討する必要があります。

行政事件訴訟の種類としては、主観訴訟と客観訴訟とに分けることができ、主観訴訟の中でも、抗告訴訟と当事者訴訟とに分けることができますので、この点を明示することになります。

その上で、問題文には、「それぞれについて説明せよ」とありますので、各訴訟類型の説明をすることになります。

具体的には、抗告訴訟には、①処分取消訴訟、②裁決取消訴訟、③無効等確認訴訟、④不作為違法確認訴訟、⑤義務付け訴訟、⑥差止訴訟の6種類があり、それぞれについて説明することになります。

(2) 次に、主観訴訟の１類型である当事者訴訟の検討をすることになります。これには、①形式的当事者訴訟、②実質的当事者訴訟がありますので、２つの内容を明示し、それぞれ説明することになります。

２. 客観訴訟

主観訴訟と区別されるものとして、客観訴訟があります。

客観訴訟は、国民の個人的権利利益の保護を目的とする主観訴訟と異なり、客観的な法秩序の適正維持を目的とする訴訟をいい、民衆訴訟と機関訴訟とがあります。

ポイント整理 行政事件訴訟法の類型

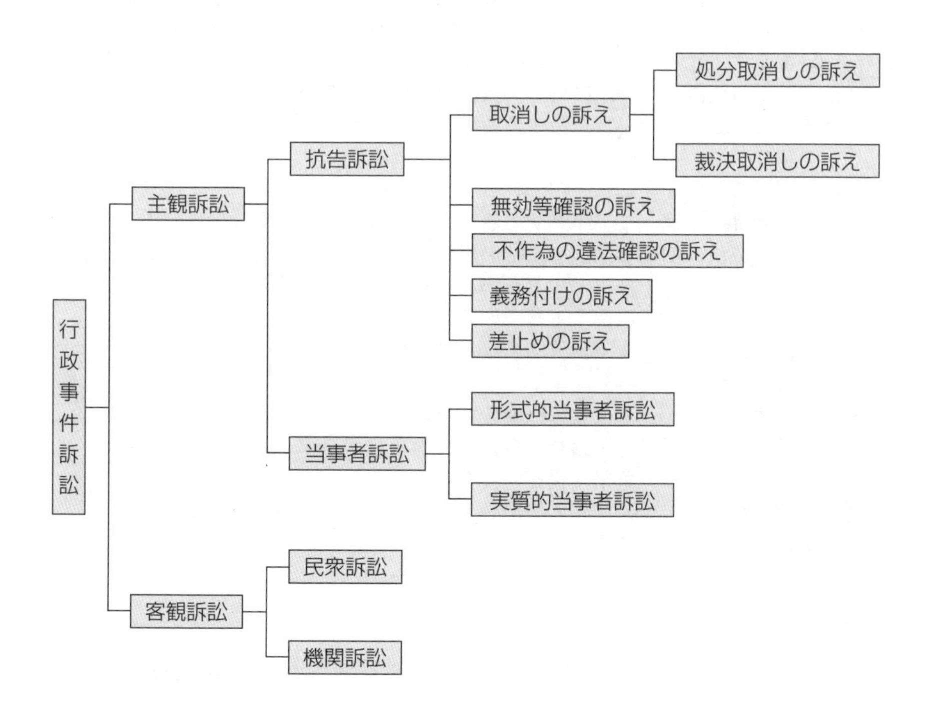

参考答案　800字

1．行政事件訴訟は、①主観訴訟（国民の権利利益の保護を目的）と②客観訴訟（法秩序の適正維持を目的）に分かれる。

分類

2．主観訴訟

(1) 抗告訴訟（行政事件訴訟法3条1項）

ア．処分取消しの訴え（行政庁の処分その他公権力の行使に当たる行為の取消しを求めるもの、3条2項）

処分取消しの訴え

イ．裁決取消しの訴え（審査請求に対する裁決・決定その他の行為の取消しを求めるもの、3条3項）

裁決取消しの訴え

200字▶

ウ．無効等確認の訴え（処分・裁決の存否又はその効力の有無の確認を求めるもの、3条4項）

無効等確認の訴え

エ．不作為の違法確認の訴え（相当の期間内に処分・裁決しないことの違法の確認を求めるもの、3条5項）

不作為の違法確認の訴え

オ．義務付けの訴え（行政庁に一定の処分・裁決をすべき旨を命ずることを求めるもの、3条6項）

義務付けの訴え

400字▶

カ．差止めの訴え（一定の処分・裁決前に、行政庁が処分等をしてはならない旨を命ずることを求めるもの、3条7項）

差止めの訴え

(2) 当事者訴訟（4条）

当事者訴訟とは、①当事者間の法律関係を確認・形成する処分・裁決に関する訴訟で法令の規定によりその法律関係の当事者の一方を被告とするもの（形式的当事者訴訟）、②公法上の法律関係に関する確認の訴えその他の公法上の法律関係に関する訴訟（実質的当事者訴訟）である。

600字▶

当事者訴訟

3．客観訴訟

(1) 民衆訴訟（国・公共団体の機関の法規に適合しない行為の是正を求める訴訟で、選挙人資格その他自己の法律上の利益にかかわらない資格で提起するもの、5条）

民衆訴訟

(2) 機関訴訟（国・公共団体の機関相互間における権限の存否又はその行使に関する紛争の訴訟、6条）

機関訴訟

800字▶

以上

参考答案　1200字

1．行政事件訴訟は、国民の権利利益の救済を目的とするものかどうかにより、主観訴訟と客観訴訟とに分かれる。

分類

2．主観訴訟

(1) 主観訴訟とは、国民の個人的権利利益の保護を目的とする訴訟をいい、①行政庁の公権力の行使に関する抗告訴訟と②当事者訴訟とに分かれる。

主観訴訟

(2) 抗告訴訟（行政事件訴訟法３条１項）

ア．取消しの訴え

200字▶

これには、①行政庁の処分その他公権力の行使に当たる行為の取消しを求める処分取消しの訴え（３条２項）、②審査請求に対する裁決・決定その他の行為の取消しを求める裁決の取消しの訴えがある（３条３項）。

処分・裁決取消しの訴え

イ．無効等確認の訴え

無効等確認の訴えとは、処分・裁決の存否又はその効力の有無の確認を求める訴訟である（３条４項）。

無効等確認の訴え

400字▶

ウ．不作為の違法確認の訴え

不作為の違法確認の訴えとは、行政庁が法令に基づく申請に対して、相当の期間内に何らかの処分又は裁決をすべきであるにもかかわらず、これをしないことにつき違法の確認を求める訴訟である（３条５項）。

不作為の違法確認の訴え

エ．義務付けの訴え

600字▶

義務付けの訴えとは、行政庁に一定の処分・裁決をすべき旨を命ずることを求める訴訟である（３条６項）。

義務付けの訴え

オ．差止めの訴え

差止めの訴えとは、行政庁が一定の処分又は裁決をすべきでないのに、これがなされようとしている場合に、行政庁がその処分又は裁決をしてはならない旨を命ずることを求める訴訟である（３条７項）。

差止めの訴え

(3) 当事者訴訟（４条）

800字▶

当事者訴訟とは、①当事者間の法律関係を確認・形成する処分・裁決に関する訴訟で法令の規定によりその法律関係の当事者の一方を被告とするもの（形式的当事者訴訟）、②公法上の法律関係に関する確認の訴えその他の公法上の法律関係に関する訴訟（実質的当事者訴訟）である。

当事者訴訟

３．客観訴訟

(1) 客観訴訟は、客観的な法秩序の適正維持を目的とする訴訟をいい、①民衆訴訟と②機関訴訟とに分かれる。

1000字▶

客観訴訟

(2) 民衆訴訟とは、国・公共団体の機関の法規に適合しない行為の是正を求める訴訟で、選挙人資格その他自己の法律上の利益に関わらない資格で提起するものである（５条）。

民衆訴訟

(3) 機関訴訟とは、国・公共団体の機関相互間における権限の存否又はその行使に関する紛争の訴訟である（６条）。

機関訴訟

以上

1200字▶

第25問 ★ （オリジナル問題）

処分取消しの訴えを適法に提起するための要件（訴訟要件）について説明せよ。

重要論点

1．取消訴訟の訴訟要件
2．処分性
3．原告適格
4．被告適格
5．狭義の訴えの利益
6．出訴期間
7．不服申立前置
8．裁判管轄

1．取消訴訟の訴訟要件

本問は、「処分取消しの訴えの訴訟要件」に関する理解を問うものですので、まず訴訟要件の定義、その必要性についての論述が必要です。

2．処分性

取消訴訟の対象は、「行政庁の処分その他公権力の行使に当たる行為（処分）」（行政事件訴訟法３条２項）です。その際には、判例上（最判昭39.10.29）、示されている「処分」の意味をしっかり論述することが必要です。

3．原告適格

原告適格（９条１項）については、法律上の利益の意義に関して、①法律上保護された利益説と、②裁判上保護に値する利益説の対立があります。ここでは、論点のバランスから、判例（新潟空港事件：最判平元.2.17）・通説である法律上保護された利益説の結論を示すことで十分でしょう。

そして、平成16年改正により、原告適格の実質的拡大を図るべく、９条２項が新設され、処分の相手方以外の者について「法律上の利益」を有するか否かを判断する際の解釈指針が明示されていますので、その旨の指摘も必要です。

4．被告適格

平成16年改正前では、行政庁自身を被告とすべきとされていましたが、それでは国民から見て被告を誰とすべきかの判別が困難であったことから、現在では、原則として、処分または裁決をした行政庁が所属する行政主体を被告とすべきであるとされています（11条1項）。

5．狭義の訴えの利益

訴訟は、一般的に当事者に現実的救済を与えることを目的としていますので、狭義の訴えの利益が必要であることを明示しなければなりません。

6．出訴期間

ここでは、主観的・客観的出訴期間が要求されていることの論述が必要です（14条）。

7．不服申立前置

ここでは、自由選択主義が原則であること（8条1項本文）、その例外として、法律によって審査請求前置主義が要求される場合もあること（8条1項ただし書）の指摘が必要です。

8．裁判管轄

取消訴訟の管轄は、原則として処分・裁決をした行政庁の所在地を管轄する裁判所でしたが、平成16年改正により、新たに被告である行政主体の普通裁判籍を管轄する裁判所が追加されています（12条1項）。

ポイント整理　出訴期間

	主観的出訴期間	客観的出訴期間
原則	処分・裁決があったことを知った日から6か月以内（14条1項本文）	処分・裁決の日から1年以内（14条2項本文）
例外	①正当な理由があるときは、出訴期間を経過しても取消訴訟を提起できる（14条1項ただし書、2項ただし書） ②処分・裁決につき審査請求できる場合又は行政庁が誤って審査請求できる旨を教示した場合において、審査請求されたときは、これに対する裁決があったことを知った日（主観的）又は裁決の日（客観的）が起算点となる（14条3項）	

参考答案　800字

1．取消訴訟の訴訟要件

　訴訟要件を満たさないと、訴えは不適法であるとして却下判決が言い渡されるため、訴訟要件の具備が重要となる。

取消訴訟の訴訟要件

2．処分性

　取消訴訟の対象は、「行政庁の処分その他公権力の行使に当たる行為（処分）」（行政事件訴訟法３条２項）とされている。

　処分とは、公権力の主体たる国・公共団体が行う行為のうち、その行為によって直接国民の権利義務を形成し又はその範囲を確定することが法律上認められているものである。

処分性

200字▶

3．原告適格

　取消訴訟を提起するには、「法律上の利益」（法律上保護された利益）を有する者であることが必要である（９条１項）。

　処分の相手方以外の者については、「法律上の利益」を有するか否かを判断する解釈指針が明示されている（９条２項）。

原告適格

400字▶

4．その他の訴訟要件

　取消訴訟は、取り消す必要性の存在の下（狭義の訴えの利益）、原則として、処分又は裁決をした行政庁が所属する行政主体を被告として（被告適格、11条１項）、処分・裁決のあったことを知った日から６カ月、処分・裁決の日から１年以内に提起しなければならない（出訴期間、14条）。

被告適格、狭義の訴えの利益、出訴期間

　また、不服申立てをするか、直ちに取消訴訟を提起するかは、原則として当事者の選択によるのが原則（自由選択主義）であるが、審査請求に対する裁決を経た後でなければ取消訴訟を提起できない場合（審査請求前置主義）もある（８条１項）。

600字▶

不服申立前置

　さらに、取消訴訟の原則的な管轄裁判所は、被告の普通裁判籍の所在地を管轄する裁判所または処分庁・裁決庁の所在地を管轄する裁判所である（12条１項）。

裁判管轄

800字▶

以上

参考答案　1200字

1．取消訴訟の訴訟要件

　訴訟要件とは、訴えを適法ならしめる要件をいう。

　訴訟要件を満たさないと、訴えは不適法であるとして却下判決が言い渡されるため、訴訟要件の具備が重要となる。

取消訴訟の訴訟要件

2．処分性

　取消訴訟の対象は、「行政庁の処分その他公権力の行使に

①処分性

当たる行為（処分）」（行政事件訴訟法３条２項）とされている。

200字▶

処分とは、公権力の主体たる国・公共団体が行う行為のうち、その行為によって直接国民の権利義務を形成し又はその範囲を確定することが法律上認められているものである。

３．原告適格

⑵原告適格

(1)　原告適格とは、取消訴訟を提起する資格のことであり、「法律上の利益」を有する者に限り認められる（９条１項）。「法律上の利益を有する者」とは、当該処分により自己の権利・法律上保護された利益を侵害され又は必然的に侵害されるおそれのある者である。

400字▶

(2)　処分の相手方以外の者については、「法律上の利益」を有するか否かを判断する際の解釈指針が原告適格の実質的拡大を図るべく明示されている（９条２項）。

４．被告適格

③被告適格

600字▶

取消訴訟の被告は、原則として、処分または裁決をした行政庁が所属する行政主体であるとされている（11条１項）。

５．狭義の訴えの利益

④狭義の訴えの利益

取消訴訟を利用するためには、原告の請求が認容された場合に、原告の具体的な権利利益が客観的に見て回復可能でなければならない（狭義の訴えの利益）。

６．出訴期間

⑤出訴期間

800字▶

取消訴訟は、行政上の法律関係の早期確定を図るべく、原則として、処分・裁決のあったことを知った日から６カ月、処分・裁決の日から１年以内に提起しなければならない（14条）。

７．不服申立前置

⑥不服申立前置

行政処分を争う方法として、行政機関に対する不服申立てと裁判所に対する取消訴訟があり、原則として、いずれの方法によることもできる（自由選択主義、８条１項本文）。

1000字▶

もっとも、法律によって審査請求に対する裁決を経た後でなければ提訴できないとされている場合には、審査請求の前置が必要である（審査請求前置主義、８条１項ただし書）。

８．裁判管轄

⑦裁判管轄

取消訴訟の原則的な管轄裁判所は、被告の普通裁判籍の所在地を管轄する裁判所または処分庁・裁決庁の所在地を管轄する裁判所である（12条１項）。

以上

1200字▶

第26問 ★★

（オリジナル問題）

処分性について説明せよ。

重要論点

1．処分性の意義
2．公権力性
3．直接法効果性
 (1) 行政機関の内部的行為
 (2) 中間的行為
 (3) 事実行為
 (4) 規範定立行為

1．処分性の意義

本問は、処分性の一行問題ですので、まず処分の定義を指摘する必要があります。これについては、判例（最判昭39.10.29）の定義を正確に示せるかが重要です。

2．公権力性

行政主体が私人と契約や協定を締結する行為は、通常公権力性を有しないので、処分性が否定されます。

3．直接法効果性

(1) 行政機関の内部的行為

行政機関の内部的行為は、行政機関を拘束するものですので、処分性は否定されます。

(2) 中間的行為

最終段階以前に行われる計画段階・中間段階の行為の処分性については、国民に直接法的効果を発生させるかという観点から検討されます。

(3) 事実行為

事実行為も直接法効果を有しないので、一般的に、処分性は否定されますが、判例は肯定する傾向があります。

(4) 規範定立行為

法律・法規命令・条例・地方公共団体の長の規則の制定は、一般的に処分性は否定されますが、例外的に処分性が肯定される場合もあります。

ポイント整理 処分性

	肯定例	否定例
私法上の行為	①供託金取戻請求に対する供託官の却下（最大判昭45.7.15） ②労働基準監督署長による労災就学援護費の支給決定（最判平15.9.4）	①国有財産法上の普通財産の払下げ（最判昭35.7.12） ②農地法に基づく農地の売払い（最大判昭46.1.20）
内部的行為	――――	①建築許可に対する消防長の同意（最判昭34.1.29） ②通達（最判昭43.12.24）
中間的行為	①土地区画整理事業の事業計画決定（最大判平20.9.10） ②第二種市街地再開発事業計画（最判平4.11.26）	用途地域の指定（最判昭57.4.22）
事実行為	①輸入禁制品該当の通知（最判昭54.12.25） ②食品の輸入届出をした者に対する検疫所長の通知（最判平16.4.26） ③病院開設中止勧告（最判平17.7.15）	①開発許可に係る公共施設管理者の同意（最判平7.3.23） ②反則金の通告（最判昭57.7.15） ③市町村長が住民票に世帯主との続柄を記載する行為（最判平11.1.21） ④適法な出生届出がない子についての住民票記載拒否（最判平21.4.17）
規範定立行為	①建築基準法42条２項の道路指定が告示による一括指定の方法でされた場合（最判平14.1.17） ②特定の保育所を廃止する条例の制定（最判平21.11.26）	簡易水道事業給水条例の制定（最判平18.7.14）

参考答案　800字

1．意義

　取消訴訟の対象は、「行政庁の処分その他公権力の行使に当たる行為（処分）」である（行政事件訴訟法３条２項）。

処分性の意義

「処分」とは、公権力の主体たる国又は公共団体が行う行為のうち、その行為によって（公権力性）、直接国民の権利義務を形成し又はその範囲を確定することが法律上認められているもの（直接法効果性）をいう。

2．公権力性

200字▶

　行政主体が私人と契約や協定を締結する行為は、法律関係が一方的に変動するもの（公権力性）ではないので、私法上の行為として処分性が否定される。

①公権力性

3．直接法効果性

(1)　①行政機関の内部的行為、②中間的行為、③事実行為、④規範定立行為は、通常、特定の国民に対して直接に法効果を発生させるもの（直接法効果性）ではないから、処分性が否定される。

②直接法効果性

400字▶

(2)　行政機関の内部的行為

　行政機関の内部的行為は、行政機関を拘束するものにすぎないから、処分性が否定される。

行政機関の内部的行為

(3)　中間的行為

　最終段階以前に行われる計画段階・中間段階の行為は、国民に直接法効果を発生させるか否かにより決定される。

中間的行為

600字▶

(4)　事実行為

　行政庁が法律的見解を表示するだけの行為は、一般的に、単なる事実行為として処分性が否定される。

事実行為

(5)　規範定立行為

　法律・条例等の制定は、特定人の権利義務に直接影響を及ぼすものではないから、通常、処分性は否定される。

規範定立行為

以上

800字▶

参考答案　1200字

1．意義

　取消訴訟の対象は、「行政庁の処分その他公権力の行使に当たる行為（処分）」である（行政事件訴訟法３条２項）。

処分性の意義

「処分」とは、公権力の主体たる国又は公共団体が行う行為のうち、その行為によって（公権力性）、直接国民の権利義務を形成し又はその範囲を確定することが法律上認められているもの（直接法効果性）をいう。

処分に当たらない行為を対象として提起された取消訴訟は、不適法となり、却下判決が言い渡される。

200字▶

2．公権力性

①公権力性

行政主体が私人と契約や協定を締結する行為は、法律関係が一方的に変動するもの（公権力性）ではないので、通常、私法上の行為として処分性が否定される。

例えば、国有財産法上の普通財産の払下げ、農地法に基づく農地の売払いは、行政処分に当たらないことになる。

400字▶

3．直接法効果性

②直接法効果性

(1) 処分性が認められるためには、行政行為が特定の国民に対して直接に法効果を発生させるものであることが必要であるから、①行政機関の内部的行為、②中間的行為、③事実行為、④規範定立行為は、通常、処分性が否定される。

(2) 行政機関の内部的行為

行政機関の内部的行為

行政機関の内部的行為は、行政機関を拘束するにすぎないから、処分性が否定される。

600字▶

例えば、墓地の管理者に異教徒の埋葬拒否を認めないとした通達は、行政処分に当たらない。

(3) 中間的行為

中間的行為

最終段階以前に行われる計画段階・中間段階の行為は、国民に直接法効果を発生させるか否かにより決定される。

例えば、用途地域の指定は、行政処分に当たらないが、土地区画整理事業の事業計画決定は、宅地所有者等の法的地位に変動をもたらすから、行政処分に当たることになる。

800字▶

(4) 事実行為

事実行為

行政庁が法律的見解を表示するだけの行為は、一般的に、単なる事実行為として処分性が否定される。

もっとも、判例は処分性を肯定する傾向があり、例えば、病院開設中止の勧告は行政処分に当たるとしている。

1000字▶

(5) 規範定立行為

規範定立行為

法律・条例等の制定は、特定人の権利義務に直接影響を及ぼすものではないから、通常、処分性は否定される。

もっとも、具体的な法効果が生じる場合には、処分性が肯定される。例えば、行政庁による２項道路の指定は、一括指定の方法でされた場合でも、行政処分に当たる。

1200字▶

以上

第27問 ★★

（オリジナル問題）

取消訴訟の訴えの利益について論ぜよ。

重要論点

1．訴えの利益の意義
2．行政処分の効果が完了した場合
3．期間の経過により行政処分の効果が完了した場合
4．行政処分が撤回等の事情でその効力を失った場合
5．取消判決によっても原状回復が不可能な場合

答案作成上の注意点

1．訴えの利益の意義

本問は、訴えの利益の一行問題ですので、まず訴えの利益の意義を示して、基本的事項を論述することが重要です。

2．行政処分の効果が完了した場合

本問のような抽象的な一行問題では、判例などの具体例を挙げて、具体的に検討することも重要です。

ここでは、建築基準法における建築確認は、建築工事の完成により訴えの利益は消滅するとする判例があります（最判昭59.10.26）。

3．期間の経過により行政処分の効果が完了した場合

ここでは、期間の経過により処分の効果が完了する場合でも、処分の取消しにより「回復すべき法律上の利益を有する者」について訴えの利益が認められていることの指摘が重要です（行政事件訴訟法９条１項かっこ書）。

例えば、免職処分を受けた公務員が取消訴訟の係属中に公職選挙に立候補した場合、訴えの利益が認められるとしています（最大判昭40.4.28）。

4．行政処分が撤回等の事情でその効力を失った場合

ここでの具体例として、税務署長の更正処分に対して取消訴訟係属中に増額再更正処分がなされたときには、当初の更正処分の取消しを求める訴えの利益は消滅するとしているものがあります（最判昭55.11.20）。

5．取消判決によっても原状回復が不可能な場合

取消判決によっても原状回復が不可能な場合には、訴えの利益はないとされることがあります。

例えば、代替施設の設置により洪水・渇水の危険が解消されれば、保安林指定解除処分を争う訴えの利益は喪失します（最判昭57.9.9）。

ポイント整理 訴えの利益

	対象	処分後の事情	訴えの利益の有無
期間の経過	皇居外苑使用不許可処分	使用期日の経過	×（最大判昭28.12.23）
	運転免許取消処分	免許証の有効期間の経過	○（最判昭40.8.2）
	運転免許停止処分	無違反・無処分で停止期間を経過	×（最判昭55.11.25）
処分の効果の完了	行政代執行	代執行による除却工事の完了	×（最判昭48.3.6）
	建築確認	建築工事の完了	×（最判昭59.10.26）
原告の死亡	生活保護変更決定	保護受給者たる原告の死亡	×（最大判昭42.5.24）
	公務員免職処分	原告公務員の死亡	○（最判昭49.12.10）
代替的措置	保安林指定解除処分	代替施設の設置	×（最判昭57.9.9）
更正処分の取消し	更正処分	増額再更正処分	×（最判昭42.9.19） ×（最判昭55.11.20）
		減額再更正処分	○（最判昭56.4.24）
新たな事情の発生	再入国不許可処分	原告たる在留外国人が日本を出国	×（最判平10.4.10）
9条1項の解釈	公務員免職処分	原告公務員が公職へ立候補	○（最大判昭40.4.28）
	運転免許更新処分	優良運転者である旨の記載のない免許証を交付	○（最判平21.2.27）

参考答案　800字

1．意義

訴えの利益とは、当該処分を取り消す実際上の必要性をいう。

訴えの利益は、処分性と原告適格の要件を満たしても、処分から時間が経過し、事情が変更することにより、原告側が取消訴訟によって具体的・客観的に回復可能な利益を失う場合の問題である。

訴えの利益が認められない場合には、訴えは不適法となり、却下判決が言い渡される。

2．行政処分の効果が完了した場合

行政処分の効果が完了すれば、訴えの利益は消滅する。

例えば、建築基準法における建築確認は、建築という私人の行為を適法に行わしめるものであるから、建築工事が完成してしまうと処分の効果も完了し、訴えの利益は消滅する。

3．期間の経過により行政処分の効果が完了した場合

処分等の効果が期間の経過により完了する場合でも、処分の取消しにより「回復すべき法律上の利益を有する者」について訴えの利益を認めている（行政事件訴訟法９条１項かっこ書）。

例えば、免職処分を受けた公務員が取消訴訟の係属中に公職選挙に立候補した場合、立候補の時点で公務員たる地位を喪失するが、給料請求権などの権利利益を回復するため、なお訴えの利益が認められる。

4．行政処分が撤回等の事情でその効力を失った場合

行政処分が撤回等の事情でその効力を失った場合、当該処分の取消訴訟の訴えの利益は消滅する。

5．取消判決によっても原状回復が不可能な場合

取消判決によっても原状回復が不可能な場合には、訴えの利益はないとされることがある。

以上

意義

行政処分の効果が完了した場合

期間の経過により行政処分の効果が完了した場合

行政処分が撤回等の事情でその効力を失った場合

取消判決によっても原状回復が不可能な場合

200字▶ 400字▶ 600字▶ 800字▶

参考答案　1200字

1．意義

訴えの利益とは、当該処分を取り消す実際上の必要性をいう。

訴えの利益が問題になるのは、処分性と原告適格の要件を満たしても、処分から時間が経過し、事情が変更することにより、原告側が取消訴訟によって具体的・客観的に回復可能

意義

な利益を失うケースである。

訴えの利益は、訴訟が適法であるための訴訟要件の１つであるから、訴えの利益が認められない場合には、訴えは不適法となり、却下判決が言い渡されることになる。

２．行政処分の効果が完了した場合

行政処分の効果が完了すれば、訴えの利益は消滅する。

例えば、建築基準法における建築確認は、建築という私人の行為を適法に行わしめるものであるから、建築工事が完成してしまうと処分の効果も完了し、訴えの利益は消滅する。

３．期間の経過により行政処分の効果が完了した場合

処分等の効果が期間の経過により完了する場合でも、処分の取消しにより「回復すべき法律上の利益を有する者」について訴えの利益を認めている（行政事件訴訟法９条１項かっこ書）。

例えば、免職処分を受けた公務員が取消訴訟の係属中に公職選挙に立候補した場合、立候補の時点で公務員たる地位を喪失するが、給料請求権などの権利利益を回復するため、なお訴えの利益が認められる。

４．行政処分が撤回等の事情でその効力を失った場合

行政処分が撤回等の事情でその効力を失った場合、当該処分の取消訴訟の訴えの利益は消滅する。

例えば、税務署長の更正処分に対して取消訴訟係属中に増額再更正処分がなされたときには、当初の更正処分の取消しを求める訴えの利益は消滅する。

５．取消判決によっても原状回復が不可能な場合

取消判決によっても原状回復が不可能な場合には、訴えの利益はないとされることがある。

例えば、代替施設の設置により洪水・渇水の危険が解消されれば、保安林指定解除処分を争う訴えの利益は喪失する。

以上

行政処分の効果が完了した場合

期間の経過により行政処分の効果が完了した場合

行政処分が撤回等の事情でその効力を失った場合

取消判決によっても原状回復が不可能な場合

200字▶ 400字▶ 600字▶ 800字▶ 1000字▶ 1200字▶

第28問 ★★

（特別区－平９）

行政処分に対する取消訴訟と不服申立との関係について説明せよ。

重要論点

1．自由選択主義
　(1)　取消訴訟と審査請求
　(2)　訴訟手続の中断
2．審査請求前置主義

答案作成上の注意点

1．自由選択主義

(1)　取消訴訟と審査請求

本問は、「取消訴訟と不服申立てとの関係」に関する問題ですので、自由選択主義と審査請求前置主義の記述が必要となります。

ただ、「取消訴訟と不服申立てとの関係」という問題文から自由選択主義、審査請求前置主義を想起できなかった場合には、基本書、テキストなどの項目に注意して、その項目の中で何が記載されているのかを関連づけながら学習することが重要です。また、「取消訴訟」、「不服申立て」というキーワードから、分野を行政不服審査法、行政事件訴訟法に絞り込んだ上で、取消訴訟と不服申立てが関連する場面として、自由選択主義、審査請求前置主義を思い出して、出題の意図に近づくことが重要です。

(2)　訴訟手続の中断

訴訟手続の中断に関する記述も必要となります。条文（行政事件訴訟法８条３項）がありますので、必ず指摘できるようにしましょう。

2．審査請求前置主義

行政事件訴訟法は、自由選択主義の例外として、審査請求前置主義を規定していますので、法律で審査請求の裁決を経た後でなければ取消訴訟を提起できないことを規定している場合があることを指摘できるかどうかが重要です。

また、審査請求の前置が法定されている場合であっても、直ちに取消訴訟を提起できる場合もありますので、これについても指摘できるようにしましょう。

ポイント整理　取消訴訟と審査請求の関係

<table>
<tr><td>自由選択主義</td><td colspan="2">行政処分に対し行政不服審査法その他の法令により行政庁に対し審査請求をすることができる場合、国民は、審査請求をしてもよいし、直ちに取消訴訟を提起してもよい（行政事件訴訟法8条1項本文）</td></tr>
<tr><td rowspan="2">審査請求前置主義</td><td>原則</td><td>法律によって審査請求に対する裁決を経た後でなければ訴えを提起することができないとされている場合、審査請求を前置しなければならない（8条1項ただし書）</td></tr>
<tr><td>例外</td><td>以下の場合には、直ちに取消訴訟を提起することができる（8条2項）
①審査請求をした日から3か月を経過しても裁決がないとき
②処分・処分の執行・手続の続行により生ずる著しい損害を避けるため緊急の必要があるとき
③裁決を経ないことにつき正当な理由があるとき</td></tr>
</table>

参考答案　800字

1．自由選択主義

(1)　取消訴訟と審査請求

自由選択主義

行政処分に対し行政不服審査法その他の法令により行政庁に対し審査請求をすることができる場合、審査請求をすることも、直ちに取消訴訟を提起することもできる（自由選択主義、行政事件訴訟法８条１項本文）。

自由選択主義は、裁判所による救済をより求めやすくするため採用されたのである。

200字▶

(2)　訴訟手続の中断

訴訟手続の中断

審査請求、取消訴訟のいずれも可能な場合において、当該処分につき審査請求がされているときは、裁判所は、その審査請求に対する裁決があるまで訴訟手続を中止することができる（８条３項）。

これは、矛盾判断防止の観点から一定の調整を図ろうとするものである。

400字▶

2．審査請求前置主義

審査請求前置主義

法律によって審査請求に対する裁決を経た後でなければ訴えを提起することができないとされている場合、審査請求を前置しなければならない（審査請求前置主義、８条１項ただし書）。

もっとも、審査請求の前置が法定されている場合であっても、①審査請求があってから３か月を経過しても裁決がないとき、②処分、処分の執行または手続の続行により生ずる著しい損害を避けるため緊急の必要があるとき、③その他裁決を経ないことにつき正当な理由があるときは、直ちに取消訴訟を提起することができる（８条２項各号）。

600字▶

以上

800字▶

参考答案　1200字

1．自由選択主義

(1)　取消訴訟と審査請求

取消訴訟と審査請求

行政処分を争う方法として、行政機関にする不服申立てと、裁判所にする取消訴訟とがあることから、処分の相手方は、どちらの方法をとるべきかが問題となる。

自由選択主義

この点について、行政処分に対し行政不服審査法その他の法令により行政庁に対し審査請求をすることができる場合、審査請求をすることも、直ちに取消訴訟を提起することもできる（自由選択主義、行政事件訴訟法８条１項本文)。

200字▶

行政事件訴訟特例法の下での訴願（行政不服審査の前身）前置主義では、権利救済を阻害していたと認識されていたことから、裁判所による救済をより求めやすい自由選択主義が採用されたのである。

(2) 訴訟手続の中断

400字▶

訴訟手続の中断

審査請求も、取消訴訟の提起も可能な場合において、当該処分につき審査請求がされているときは、裁判所は、その審査請求に対する裁決があるまで訴訟手続を中止することができる（８条３項)。

これは、矛盾判断防止の観点から一定の調整を図ろうとするものである。

600字▶

訴訟が中断している間に棄却裁決があった場合には、あらためて取消訴訟が再開されることになる。これに対して、認容裁決がなされた場合には、訴えの利益が消滅し、取消訴訟は却下されるのが通常である。

2．審査請求前置主義

審査請求前置主義

専門技術性を有する処分や、大量に行われる処分であって裁決により行政の統一を図る必要があるもの等、法律によって審査請求に対する裁決を経た後でなければ訴えを提起することができないとされている場合、審査請求を前置しなければならない（審査請求前置主義、８条１項ただし書)。

800字▶

もっとも、審査請求の前置が法定されている場合であっても、①審査請求があってから３か月を経過しても裁決がないとき、②処分、処分の執行または手続の続行により生ずる著しい損害を避けるため緊急の必要があるとき、③その他裁決を経ないことにつき正当な理由があるときは、直ちに取消訴訟を提起することができる（８条２項各号)。

1000字▶

以上

1200字▶

第29問 ★

（福井県－平５）

取消訴訟の原処分主義について説明せよ。

重要論点

1．原処分主義
2．裁決主義
3．修正裁決と原処分主義

1．原処分主義

本問は、「原処分主義」に関する一行問題ですので、まず原処分主義の内容をしっかり示すと、採点者に理解していることをアピールできるでしょう。

その際には、原処分の違法は原処分の取消訴訟で主張すべきこと、裁決固有の違法は裁決取消訴訟で主張すべきことの２点を指摘できるかがポイントです。

2．裁決主義

原処分主義に対し、個別法において、例外的に、裁決の取消しの訴えのみ提起できるとされる場合（裁決主義）がありますので、本問でも、裁決主義に関する理解を示す必要があります。

本問のような一行問題では、論述が抽象的になりがちですので、ここでは、弁護士法、公職選挙法、特許法など裁決主義が採用されている立法例を具体的に指摘することも必要でしょう。

3．修正裁決と原処分主義

原処分と裁決との関係で注意を要するものとして、人事院の行う修正裁決があります。

修正裁決につき、原処分を取り消し新たな処分をしたと考えると、原処分は存在しなくなる以上、修正裁決のみを争うことになるのは当然ですが、最高裁昭和62年４月21日判決は、原処分は修正裁決により消滅せず、当初から裁決により修正された内容の処分として存在しているとみなされると判示しています。

ポイント整理　処分取消しの訴えと裁決取消しの訴えとの関係

原則	<原処分主義> 原処分の違法は、原処分の取消訴訟のみによって争われるべきであり、裁決取消訴訟では裁決固有の瑕疵のみ主張できる（行政事件訴訟法10条2項） <立法趣旨> 原処分取消訴訟と裁決取消訴訟がともに提起され、その双方において原処分の違法が主張された場合、いずれを先に審理するかを決定するのは困難である
例外	<裁決主義> 個別法により、裁決取消訴訟のみ提起することができるとされている場合（裁決主義）には、裁決取消訴訟において原処分の違法を主張することができる <具体例> 弁護士法16条3項、特許法178条6項など

判例チェック　懲戒処分と人事院の修正裁決：最判昭62.4.21

事案	XはYから停職6か月の本件懲戒処分を受けた後、審査請求をした人事院から本件懲戒処分を6か月間の減給処分に修正する本件修正裁決を受けたが、処分の不存在を主張して、本件修正裁決による修正後の本件懲戒処分の取消訴訟を提起した
結論	原処分は修正裁決により消滅しない
判旨	修正裁決は、原処分の存在を前提としたうえで、原処分の法律効果の内容を一定の限度のものに変更する効果を生ぜしめるにすぎないものであり、原処分は、当初から修正裁決により修正された内容の処分として存在していたものとみなされる

参考答案　800字

1．原処分主義

原処分主義

行政処分（原処分）に不服のある者が行政不服申立てをした後に取消訴訟を提起する場合、その救済方法として、原処分の違法を取消訴訟で争う方法と、不服申立ての裁決の瑕疵を取消訴訟で争う方法とがあり得る。

この場合、原処分の違法は、原則として、その処分取消しの訴えで主張すべきであり（原処分主義）、裁決取消しの訴えでは、原処分の違法を理由として取消しを求めることができない（行政事件訴訟法10条2項）。

200字▶

裁決手続の違法など裁決固有の違法は、原処分取消しの訴えではなく、裁決取消しの訴えで主張すべきことになる。

2．裁決主義

裁決主義

法律で裁決の取消しの訴えのみ提起できるとされる場合には、原処分の違法は、裁決取消しの訴えで主張することができることになる（裁決主義）。

400字▶

裁決主義を採用している立法例として、選挙関係訴訟（公職選挙法203条2項、207条2項など）などがある。

3．修正裁決と原処分主義

修正裁決と原処分主義

例えば、停職の懲戒処分を受けた公務員が人事院に審査請求したところ、人事院で当該懲戒処分を減給処分に修正する裁決が出された場合、停職処分を原処分とした取消訴訟、減給処分の取消訴訟いずれを提起すべきかという問題がある。

600字▶

この場合、修正裁決は、原処分の存在を前提としたうえで、原処分の法律効果の内容を一定の限度のものに変更する効果を生ぜしめるにすぎず、修正裁決で新たな処分がなされたと考えるべきではない。

したがって、停職処分を原処分とした取消訴訟を提起すべきことになる。

以上

800字▶

参考答案　1200字

1．原処分主義

原処分主義

行政処分（原処分）に不服のある者が行政不服申立てをした後に取消訴訟を提起する場合、その救済方法として、原処分の違法を取消訴訟で争う方法と、不服申立ての裁決の瑕疵を取消訴訟で争う方法とがあり得る。

この場合、原処分の違法は、原則として、その処分取消しの訴えで主張すべきであり（原処分主義）、裁決取消しの訴えでは、原処分の違法を理由として取消しを求めることができない（行政事件訴訟法10条2項）。

200字▶

裁決手続の違法など裁決固有の違法は、原処分取消しの訴えではなく、裁決取消しの訴えで主張すべきことになる。

2．裁決主義

裁決主義

原処分主義が妥当するのは、「処分の取消しの訴えとその処分についての審査請求を棄却した裁決の取消しの訴えとを提起することができる場合」に限られる。

400字▶

したがって、個別法において、例外的に、裁決の取消しの訴えのみ提起できるとされる場合（裁決主義）には、原処分の違法は、裁決取消しの訴えで主張することができることになる。

裁決主義を採用している立法例として、選挙関係訴訟（公職選挙法203条2項、207条2項など）などがある。

3．修正裁決と原処分主義

600字▶

(1) 例えば、課税処分の一部が裁決で取り消された場合など一部取消裁決の場合は、減額されたという形で原処分が残されているから、原処分の取消訴訟を提起すべきである。

一部取消裁決

(2) 審査請求により原処分に対し修正裁決がされた場合、原処分と修正裁決のどちらの取消訴訟を提起すべきか。

修正裁決と原処分主義

例えば、停職6カ月の懲戒処分を受けた公務員が人事院に審査請求したところ、人事院で当該懲戒処分を減給処分に修正する裁決が出された場合などが問題となる。

800字▶

この点、修正裁決で新たな処分がなされたと考え、原処分ではなく、修正裁決自体を争うべきとする見解もある。

しかし、修正裁決は、原処分の存在を前提としたうえで、原処分の法律効果の内容を一定の限度のものに変更する効果を生ぜしめるにすぎない。

したがって、停職処分を原処分とした取消訴訟を提起すべきことになる。

1000字▶

以上

1200字▶

（オリジナル問題）

取消訴訟の原告適格について説明せよ。

重要論点

1．原告適格の意義
2．法律上の利益
3．解釈規定
⑴ 平成16年改正による原告適格の実質的拡大
⑵ 考慮事項
⑶ 小田急高架橋事件大法廷判決

1．原告適格の意義

本問は、原告適格の一行問題ですので、まず、意義の検討が必要となります。

その際には、定義のほか、原告適格が訴訟要件の１つであること、したがって、原告適格が欠ける場合には、却下判決を言い渡されることの指摘が重要です。

2．法律上の利益

ここでは、法律上の利益を有する者（行政事件訴訟法９条１項）の意義について、法律上保護された利益説と法律上保護に値する利益説との対立があり、この論点に関する判例もありますので、必ず指摘する必要があります。

3．解釈規定

⑴ 平成16年改正による原告適格の実質的拡大

平成16年改正により、解釈規定（９条２項）が設けられていますので、その旨の指摘も重要です。

その際には、「平成16年改正により」との知識があることを指摘するとよいでしょう。

⑵ 考慮事項

ここでは、９条２項の考慮事項を示すことが必要となります。

(3) 小田急高架橋事件大法廷判決

本問のメイン論点は、法律上の利益、解釈規定ですので、ここでは理解していることをアピールするためにも、小田急高架橋事件大法廷判決（最大判平17.12.7）の指摘が必要かつ重要です。

ポイント整理 法律上の利益

	法律上保護された利益説（判例・通説）	法律上保護に値する利益説
意義	法律上の利益とは、当該処分の根拠法令が保護している利益のことである	原告の被侵害利益が、当該処分の根拠法令によって保護されていないものであっても、それが裁判上保護に値するものであれば、原告適格を基礎づけるべきである
論拠	原告適格の判断が処分の根拠法令の解釈に帰着するため、客観的な認定が可能である	実定法の解釈のみで結論を導くべきではなく、事実上の利益であっても、裁判的救済を与える実質が認められれば、原告適格を拡大すべきである

判例チェック 小田急高架橋事件：最大判平17.12.7

事案	建設大臣Ｙが東京都に対して都市計画法に基づく鉄道事業認可をしたことに対して、周辺住民Ｘは、騒音・振動により健康や生活環境に著しい被害が生じるおそれがあるとして、本件都市計画事業認可の取消訴訟を提起した
結論	原告適格肯定
判旨	都市計画事業の事業地の周辺に居住する住民のうち当該事業が実施されることにより騒音、振動等による健康又は生活環境に係る著しい被害を直接的に受けるおそれのある者は、当該事業の認可の取消しを求めるにつき法律上の利益を有する者として、その取消訴訟における原告適格を有する

参考答案　800字

1．意義

原告適格とは、個別具体の事件において、取消訴訟を提起する資格をいい、これを欠く訴えは、却下される。

意義

2．法律上の利益

取消訴訟の原告適格は、「法律上の利益を有する者」に限り認められる（行政事件訴訟法９条１項）。

この点、基準の明確性から、法律上の利益を有する者とは、当該処分により自己の権利・法律上保護された利益を侵害され又は必然的に侵害されるおそれのある者であると考える（法律上保護された利益説）。

そして、当該処分を定めた行政法規が、不特定多数者の具体的利益をもっぱら一般的公益の中に吸収解消させるにとどめず、それが帰属する個々人の個別的利益としても保護すべき趣旨を含むと解される場合には、法律上保護された利益に当たる。

法律上の利益

3．解釈規定

(1)　処分を受ける者以外の第三者が当該処分を争う場合には、原告適格の有無が争点となるため、法律上の利益を判断する際の解釈指針が明示されている（９条２項）。

原告適格の実質的拡大

(2)　そして、法律上の利益の有無は、当該処分・裁決の根拠法令の規定の文言だけでなく、①当該処分・裁決の根拠法令の趣旨・目的、②当該処分で考慮すべき利益の内容・性質を考慮し、それぞれにつき③目的を共通にする関係法令の趣旨・目的を参酌し、④処分等が違法になされた場合に害される利益の内容、性質、侵害の態様、程度を勘案して判断する。例えば、小田急高架橋事件判決では、都市計画法等の趣旨・目的や、騒音、振動等により受ける健康や生活環境への被害などを検討し、周辺住民の原告適格を肯定している。

考慮事項

小田急高架橋事件大法廷判決

200字▶ 400字▶ 600字▶ 800字▶

以上

参考答案　1200字

1．意義

原告適格とは、個別具体の事件において、取消訴訟を提起する資格をいう。

原告適格は、訴訟要件の１つであり、原告適格が欠ける場合は、不適法な訴えとして、却下判決が言い渡される。

意義

2．法律上の利益

取消訴訟の原告適格は、「法律上の利益を有する者」に限り認められる（行政事件訴訟法９条１項）。

200字▶

この点、事実上の利益でも、裁判的救済の実質があれば、原告適格を認める見解がある（法律上保護に値する利益説）。

しかし、この見解では判断基準が不明確であること、実定法を基準にすれば明確であることから、法律上の利益を有する者とは、当該処分により自己の権利・法律上保護された利益を侵害され又は必然的に侵害されるおそれのある者であると解する（法律上保護された利益説）。

400字▶

そして、当該処分を定めた行政法規が、不特定多数者の具体的利益をもっぱら一般的公益の中に吸収解消させるにとどめず、それが帰属する個々人の個別的利益としても保護すべき趣旨を含むと解される場合には、法律上保護された利益に当たる。

法律上の利益

３．解釈規定

⑴　平成16年改正による原告適格の実質的拡大

600字▶

処分を受けた者には、通常、原告適格は肯定されるのに対し、第三者が当該処分を争う場合には、原告適格の有無が争点となるため、法律上の利益の存否を判断する際の解釈指針が平成16年改正により明示された（９条２項）。

原告適格の実質的拡大

⑵　考慮事項

法律上の利益の有無は、当該処分・裁決の根拠法令の規定の文言のみではなく、①当該処分・裁決の根拠法令の趣旨・目的、②当該処分で考慮されるべき利益の内容・性質を考慮し、それぞれにつき③目的を共通にする関係法令の趣旨・目的を参酌し、④処分等が違法になされた場合に害される利益の内容、性質、侵害の態様、程度を勘案して判断する（９条２項）。

800字▶

考慮事項

⑶　例えば、小田急高架橋事件では、都市計画法等の趣旨・目的は、騒音、振動等による周辺住民の健康・生活環境の被害の発生防止も含まれるとし、そして、違法な都市計画を基礎として事業認可がされた場合に、騒音、振動等により受ける被害は、健康や生活環境に著しく及ぼすに至りかねないことに照らせば、そのような被害を受けない利益は、一般的公益の中に吸収解消させることが困難であるとして、周辺住民の原告適格を肯定している。

1000字▶

小田急高架橋事件大法廷判決

以上

1200字▶

(オリジナル問題)

無効等確認訴訟について説明せよ。

重要論点

1．意義
2．訴訟要件
(1) 対象
(2) 原告適格
(3) 被告適格・管轄
3．審理・仮の救済・判決

1．意義

本問は、無効等確認訴訟の一行問題ですので、まず定義・特質をしっかり示す必要があります。

特質では、公定力・取消訴訟の排他的管轄が排除されること、出訴期間及び不服申立前置主義の制約がないことの２点を明示できるかがポイントです。

2．訴訟要件

(1) 対象

無効等確認訴訟の対象は、取消訴訟と同様、処分・裁決ですので、処分性が問題になります。

ただ、本問では、無効等確認訴訟の特徴部分の検討に重点を置くべきですので、対象の記述は紹介程度で十分でしょう。

(2) 原告適格

原告適格については、無効等確認訴訟独自の規定が設けられていますので、行政事件訴訟法36条の明示が必要です。

ここでは、36条の解釈について、一元説と二元説の対立があり、判例は二元説を採用していますので（最判昭51.4.27)、結論をしっかり示す必要があります。

なお、「現在の法律関係に関する訴えによって目的を達することができないもの」(36条後段）の意義に関して、判例（最判昭62.4.17）は、無効等確認訴訟による方が現在の法律関係を争うより直截的で適切な争訟形態である場合であるとしています（直截・適切基準説）。余力があれば、直截・適切基準説の紹介もされるとよいでしょう。

(3)　被告適格・管轄

被告適格及び管轄も取消訴訟の規定を準用していますので、紹介程度の記述をしましょう。

3．審理・仮の救済・判決

審理・仮の救済・判決についても、取消訴訟の規定が準用されていますので、その内容を記述しましょう。

ポイント整理　行政事件訴訟法36条の解釈

無効等確認訴訟の原告適格は、①処分・裁決に続く処分により損害を受けるおそれのある者②その他当該処分・裁決の無効等の確認を求めるにつき法律上の利益を有する者で、③当該処分・裁決の存否又はその効力の有無を前提とする現在の法律関係に関する訴えによって目的を達することができないものについて認められます（36条）。

上記③は、②だけでなく①にも要求される（一元説）のかが問題となります。③が①には要求されないと（二元説）、①のみに該当する者は、それだけで原告適格が肯定されることになります。

	一元説	二元説（最判昭51.4.27）
意義	①②全体に③が係ることから、①又は②のみならず③を満たさない限り、原告適格を有しない	①のみを満たした者（予防訴訟）も、②③を満たした者（補充訴訟）も、原告適格を有する
論拠	条文の文言上素直である	予防訴訟としての無効等確認訴訟を認めないと、国民の救済の点で不十分である

参考答案　800字

1．意義

無効等確認訴訟とは、処分・裁決の存否又はその効力の有無の確認を求める訴訟をいう（行政事件訴訟法3条4項）。

無効等確認訴訟の意義

無効等確認訴訟は、行政行為の瑕疵が大きい場合（重大・明白な瑕疵）には、国民の権利利益を救済すべきことに鑑み、行政処分が違法でも有効と扱う行政法上の原則を修正し、出訴期間および不服申立前置による制約の存する取消訴訟を経由せずに行政処分の効力を否定する訴訟類型である。

200字▶

2．訴訟要件

(1) 無効等確認訴訟の対象は、取消訴訟と同じく処分・裁決である（3条4項）。

対象

(2) 無効等確認訴訟の原告適格については、取消訴訟に関する9条の規定を準用せずに、独自の規定を設けている。

原告適格

原告適格は、①処分・裁決に続く処分により損害を受けるおそれのある者②その他当該処分・裁決の無効等の確認を求めるにつき法律上の利益を有する者で、③当該処分・裁決の存否又はその効力の有無を前提とする現在の法律関係に関する訴えによって目的を達することができないものに認められる（補充性、36条）。

400字▶

この点、国民の権利利益の救済をより広く認めるべく、①のみを満たした者（予防訴訟）も、②③を満たした者（補充訴訟）も、原告適格を有すると解すべきである。

二元説

600字▶

(3) 被告適格（11条）、管轄（12条）の規定が無効等確認訴訟に準用されている（38条1項）。

被告適格及び管轄

3．審理・仮の救済・判決

無効等確認訴訟には、職権証拠調べ（24条）、釈明処分の特則（23条の2）、執行停止（25条～29条）、判決の拘束力（33条）等の規定が準用されている（38条1項、3項）。

審理・仮の救済・判決

以上

800字▶

参考答案　1200字

1．意義

無効等確認訴訟とは、処分・裁決の存否又はその効力の有無の確認を求める訴訟をいう（行政事件訴訟法3条4項）。

無効等確認訴訟の意義

無効等確認訴訟は、行政行為の瑕疵が大きい場合（重大・明白な瑕疵）には、国民の権利利益を救済すべきことに鑑み、行政処分が違法でも有効と扱う行政法上の原則を修正し、出訴期間および不服申立前置による制約の存する取消訴訟を経由せずに行政処分の効力を否定する訴訟類型である。

200字▶

2．訴訟要件

(1) 対象

無効等確認訴訟の対象は、取消訴訟と同じく処分・裁決である（3条4項）。

対象

(2) 原告適格

ア．無効等確認訴訟の原告適格については、取消訴訟に関する9条の規定を準用せずに独自の規定を設けている。

原告適格

400字▶

原告適格は、①処分・裁決に続く処分により損害を受けるおそれのある者②その他当該処分・裁決の無効等の確認を求めるにつき法律上の利益を有する者で、③当該処分・裁決の存否又はその効力の有無を前提とする現在の法律関係に関する訴えによって目的を達することができないものに認められる（補充性、36条）。

イ．この点、条文の構成からすれば、上記①②全体が③に関係すると読めるから、①又は②の者は、③を満たさない限り、原告適格を有しないとも思える。

600字▶

一元説

しかし、国民の権利利益の救済をより広く認めるべく、①のみの者（予防訴訟）も、②③を満たした者（補充訴訟）も、原告適格を有すると解すべきである。

二元説

(3) その他

被告適格（11条）、管轄（12条）の規定が無効等確認訴訟に準用されている（38条1項）。

800字▶

被告適格及び管轄

3．審理・仮の救済・判決

(1) 審理

無効等確認訴訟には、取消訴訟の関連請求に係る訴訟の移送（13条）、職権証拠調べ（24条）、釈明処分の特則（23条の2）の規定等が準用されている（38条1項、3項）。

審理

(2) 仮の救済

1000字▶

仮の救済については、執行停止（25条～29条）、執行停止決定等に関する第三者効（32条2項）の規定が準用されている（38条3項）。

仮の救済

(3) 判決

判決については、判決の拘束力（33条）、訴訟費用の裁判の効力（35条）の規定が準用されている（38条1項）。

判決

以上

1200字▶

★★　（都庁ー平９）

不作為の違法確認訴訟について説明せよ。

重要論点

1．意義
2．要件
　⑴　訴訟要件
　⑵　本案勝訴要件
3．審理・判決

1．意義

本問は、不作為の違法確認訴訟の一行問題ですので、まず意義を正確に指摘する必要があります。

特に、趣旨の説明に際しては、「事務処理の促進」などのキーワードが必ず必要です。

2．要件

⑴　訴訟要件

不作為の違法確認訴訟の訴訟要件として、原告適格について、独自の規定（行政事件訴訟法37条）が設けられていますので、必ず紹介する必要があります。なお、法令上の申請権の存否については、本案の問題とするか、訴訟要件の問題とするかについて争いがありますが、最高裁判例（最判昭47.11.16）は、訴訟要件の問題としていますので、訴訟要件の位置づけで示せばよいでしょう。

また、出訴期間の制限がないことも、不作為の違法確認訴訟の特徴の1つですので、指摘する必要があります。

⑵　本案勝訴要件

本案勝訴要件として、不作為の存在が必要です。ここでは、「相当の期間」の経過の有無が重要ですので、その内容を検討する必要があります。

また、不作為が違法かどうかの判断時期については、処分時説を採用する判例も、不作為には処分を観念できないため、判決時を基準としていますので、この点も不作為の違法確認訴訟の特質の1つとして、紹介程度で指摘する必要があるでしょう。

3. 審理・判決

不作為の違法確認訴訟の審理・判決に関して、取消訴訟に関する規定のうち、職権証拠調べ、判決の拘束力等の規定が準用されています。

ただ、不作為の違法確認訴訟の請求認容判決では、不作為が違法であることの確認がなされるだけで、私人が申請した内容どおりの結論が認められるわけではありませんので、申請した内容を認める内容の判決を得るには、義務付け訴訟に併合提起する必要があることも不作為の違法確認訴訟の特質の1つになります。

ポイント整理 取消訴訟の規定が準用されていないもの

	内容
原告適格	法令上の申請をした者 ※不作為の違法確認訴訟の原告適格特有の規定があるため、行政事件訴訟法9条の規定は不準用
出訴期間の制限	不作為状態が継続している限り、いつでも不作為の違法確認訴訟の提起可
執行停止	不作為状態の執行停止はないため、行政事件訴訟法25条以降の規定は不準用
裁量処分の取消し	不作為の取消しも観念できないため、行政事件訴訟法30条の規定は不準用

参考答案　800字

1．意義

不作為の違法確認訴訟とは、行政庁が法令に基づく申請に対し、相当期間内に何らかの処分・裁決をしないことの違法の確認を求める訴訟をいう（行政事件訴訟法３条５項）。

意義

この制度趣旨は、申請の握潰しの防止及び事務処理の促進により、国民の権利利益救済を図ることにある。

2．要件

(1)　訴訟要件

200字 ▶

ア．原告適格については、独自の規定が設けられており、処分・裁決についての申請をした者に限り認められる（37条）。

原告適格

イ．不作為の違法確認訴訟では、処分性の存在等も必要であるが、出訴期間の制限はなく、不作為状態が継続中は、いつでも提起できる。

処分性等

(2)　本案勝訴要件

400字 ▶

ア．請求認容判決を得るには、行政庁が相当期間内に処分等をしないこと（不作為の存在）が必要である。

不作為の存在

相当の期間を経過したか否かは、当該処分・裁決をするのに通常必要とされる期間を基準として判断し、その期間を経過した場合には、原則として違法となる。

イ．この不作為が違法かどうかは、不作為には行政庁の処分を観念できないから、判決時を基準に判断する。

違法の判断時期

600字 ▶

3．審理・判決

(1)　不作為の違法確認訴訟では、取消訴訟の規定の準用により、職権証拠調べ等がなされる。

審理

(2)　行政庁は、判決の確定により申請に対する応答義務を負うが、申請認容処分をする義務まで負わないから、申請拒否処分をすることができる。申請内容に沿った処分等を求めるには、義務付けの訴えを併合提起することとなる。

判決

800字 ▶

以上

参考答案　1200字

1．意義

不作為の違法確認訴訟とは、行政庁が法令に基づく申請に対し、相当の期間内に何らかの処分又は裁決をすべきであるにかかわらず、これをしないことについての違法の確認を求める訴訟をいう（行政事件訴訟法３条５項）。

意義

この不作為の違法確認訴訟は、行政庁が許認可の許否を放置する場合に、申請の握潰しの防止及び事務処理の促進により、国民の権利利益の救済を図るため法定されたものである。

200字▶

2．要件

(1) 訴訟要件

ア．原告適格

原告適格

不作為の違法確認訴訟の原告適格については、独自の規定が設けられており、法令に基づく申請をした者に限り認められる（37条）。

400字▶

イ．その他の訴訟要件

処分性等

不作為の違法確認訴訟も抗告訴訟の一類型であるから、処分性のほか、訴えの利益も要求される。

もっとも、不作為の違法確認訴訟では、出訴期間の制限が設けられておらず、不作為状態が継続している間はいつでも提起することができる。

(2) 本案勝訴要件

600字▶

不作為の存在

ア．不作為の違法確認訴訟が認容されるためには、行政庁が相当の期間内になんらかの処分・裁決をしないこと（不作為の存在）が必要である。

相当の期間を経過したか否かは、当該処分・裁決をするのに通常必要とされる期間を基準として判断される。そして、通常必要とされる期間を経過した場合には、この期間の経過を正当化する特段の事情のない限り、違法となる。

800字▶

違法の判断時期

イ．この不作為が違法かどうかは、不作為には行政庁の処分を観念できないから、判決時を基準に判断される。

3．審理

審理

職権証拠調べ等については、取消訴訟の規定が不作為の違法確認訴訟に準用されている。

4．判決

1000字▶

判決

不作為の違法確認判決には拘束力があるから、行政庁は、申請に対して何らかの応答をする義務を負うことになる。

もっとも、行政庁は、申請認容処分をする義務はなく、申請拒否処分をすることもできる。

申請の内容どおりの処分等がなされることを求めるには、義務付けの訴えを併合提起することとなる。

以上

1200字▶

第33問 ★★

（都庁－平20）

行政事件訴訟法に定める義務付けの訴えについて説明し、仮の義務付けについても言及せよ。

重要論点

1．義務付け訴訟の意義・類型
2．（非申請型）義務付けの訴え
　(1) 意義
　(2) 訴訟要件
　(3) 本案勝訴要件
3．（申請型）義務付けの訴え
　(1) 意義
　(2) 訴訟要件
　(3) 本案勝訴要件
4．仮の義務付けの申立て

1．義務付け訴訟の意義・類型

問題文に、「義務付けの訴えについて説明し」とありますので、その意義を正確に指摘する必要があります。その際には、必ず申請型と非申請型の２類型があることを明確にする必要があります。

2．非申請型義務付け訴訟

義務付け訴訟は、平成16年改正により、抗告訴訟の一類型として明文化され、定義・訴訟要件・本案勝訴要件（裁判所が行政庁に対して一定の処分をすべき旨を命じる判決をするための要件）が整備されていますので、申請型と非申請型のそれぞれにつき意義・訴訟要件・本案勝訴要件に項目分けをして論じるのがよいでしょう。

その際には、非申請型は、法令上の申請権がない者が行政権の発動を求めるものですので、訴訟要件・本案勝訴要件が厳格になっていることを指摘するのもよいでしょう。

そして、非申請型の訴訟要件として、①損害の重大性、②補充性、③原告適格があります。余力がある場合には、①損害の重大性の解釈指針が規定されていること（37条の２第２項）、③原告適格については、取消訴訟の原告適格と同様（９条１項・２項）、法律上の利益の有無を基準とし、解釈基準が準用されていることを指摘するのもよいでしょう。

３．申請型義務付け訴訟

申請型は、法令上認められた申請や審査請求に対する行政庁の応答が違法に放置（不作為型）・拒否（拒否処分型）されている状況が想定され、原告救済の必要性が高いことから、非申請型と比べ要件が緩和されています。

４．仮の義務付けの申立て

問題文には、「仮の義務付けについても言及せよ」とありますので、その意義・申立要件の検討が必要となります。

ポイント整理 義務付け訴訟

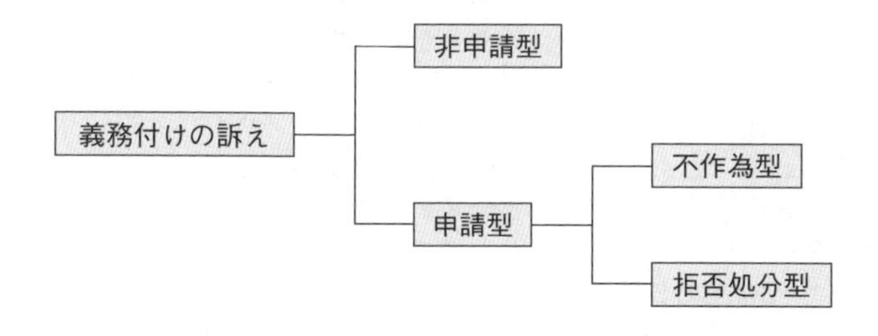

参考答案　800字

1．義務付け訴訟の意義・類型（行政事件訴訟法３条６項）

義務付けの訴えとは、行政庁が処分又は裁決をすべき旨を命ずることを求める訴訟をいい、非申請型と申請型とがある。

義務付け訴訟の意義・類型

2．非申請型の義務付けの訴え（３条６項１号、37条の２）

(1)　訴訟要件として、①一定の処分がされないことにより重大な損害を生じるおそれがあること、②損害を避けるため他に適当な方法がないこと、③法律上の利益を有する者であることが必要である。

非申請型の訴訟要件

200字▶

(2)　本案勝訴要件として、行政庁が処分すべきことが根拠法令の規定から明らか又は処分をしないことが裁量権の逸脱・濫用であることが必要である。

非申請型の本案勝訴要件

3．申請型の義務付けの訴え（３条６項２号、37条の３）

(1)　訴訟要件として、法令に基づく申請又は審査請求をした者が以下の訴訟要件を満たすことが必要である。

①不作為型では、ⓘ相当の期間内に応答がなく、ⓘⓘ不作為違法確認訴訟を併合提起すること、②拒否処分型では、ⓘ拒否処分・裁決が違法又は無効・不存在であり、ⓘⓘ拒否処分取消・無効等確認訴訟が併合提起されることが必要である。

申請型の訴訟要件

400字▶

(2)　本案勝訴要件として、①併合提起された訴訟に係る請求に理由があると認められること、②行政庁が処分・裁決すべきことが根拠法令の規定から明らか又は処分・裁決をしないことが裁量権の逸脱・濫用であることが必要である。

申請型の本案勝訴要件

600字▶

4．仮の義務付けの申立て（37条の５第１項・第３項）

義務付けの訴えに係る仮の救済の制度が、①義務付けの訴えに係る処分・裁決がされないことにより生ずる償うことのできない損害を避けるため緊急の必要があること、②本案について理由があるとみえること、③公共の福祉に重大な影響を及ぼすおそれがないことの要件の下で認められている。

仮の義務付けの申立て

800字▶

以上

参考答案　1200字

1．義務付け訴訟の意義・類型（行政事件訴訟法３条６項）

義務付けの訴えとは、行政庁が処分又は裁決をすべき旨を命ずることを求める訴訟をいい、法令に基づく申請を前提とするか否かにより非申請型と申請型の２類型に分けられる。

義務付け訴訟の意義・類型

2．非申請型の義務付けの訴え（３条６項１号、37条の２）

(1)　意義

この類型は、法令上の申請権のない者が行政権の発動を裁判所に求めるものであり、要件が厳格になっている。

非申請型の意義

200字▶

(2) 訴訟要件（37条の2第1項・第3項）

①一定の処分がされないことにより重大な損害を生じるおそれがあること（損害の重大性）、②その損害を避けるため他に適当な方法がないこと（補充性）、③法律上の利益を有する者であること（原告適格）が必要である。

非申請型の訴訟要件

(3) 本案勝訴要件（37条の2第5項）

400字▶

行政庁が処分すべきことが根拠法令の規定から明らかであると認められること又は処分をしないことが裁量権の逸脱・濫用と認められることが必要である。

非申請型の本案勝訴要件

3．申請型の義務付けの訴え（3条6項2号、37条の3）

(1) 意義

この類型では、法令上の申請又は審査請求に対する行政庁の応答が放置（不作為型）・拒否（拒否処分型）されているから、原告救済の必要性から要件が緩和されている。

申請型の意義

600字▶

(2) 訴訟要件（37条の3第1項・第2項・第3項）

法令に基づく申請又は審査請求をした者が不作為型・拒否処分型それぞれの訴訟要件を満たすことが必要である。

①不作為型では、ⅰ相当の期間内に応答がなく、ⅱ不作為違法確認訴訟を併合提起すること、②拒否処分型では、ⅰ処分・裁決が違法又は無効・不存在であり、ⅱ処分取消・無効等確認訴訟が併合提起されることが必要である。

申請型の訴訟要件

800字▶

(3) 本案勝訴要件（37条の3第5項）

①併合提起された不作為違法確認・取消又は無効等確認訴訟に係る請求に理由があると認められること、②行政庁が処分・裁決すべきことが根拠法令の規定から明らかであること又は処分・裁決をしないことが裁量権の逸脱・濫用と認められることが必要である。

申請型の本案勝訴要件

1000字▶

4．仮の義務付けの申立て（37条の5第1項・第3項）

義務付けの訴えに係る仮の救済として、仮の義務付けの制度が認められている。これが認められるためには、①義務付けの訴えに係る処分・裁決がされないことにより生ずる償うことのできない損害を避けるため緊急の必要があること、②本案について理由があるとみえること、③公共の福祉に重大な影響を及ぼすおそれがないことが必要である。

仮の義務付けの申立て

以上

1200字▶

第34問 ★

(オリジナル問題)

行政事件訴訟法に定める差止訴訟について説明せよ。

重要論点

1．意義
2．訴訟要件
　(1) 積極的要件～蓋然性、損害の重大性
　(2) 消極的要件～補充性
　(3) 原告適格
3．本案勝訴要件
4．審理・仮の救済・判決

1．意義

本問は、差止訴訟の一行問題ですので、まず定義をしっかり指摘することが必要です。

その際には、差止訴訟の特徴は、事前の救済措置ですので、「処分・裁決がされようとしている」というキーワードが重要です。

2．訴訟要件

(1) 積極的要件～蓋然性、損害の重大性

差止訴訟は、事前救済措置ですので、積極的要件として、処分等がなされる蓋然性、損害の重大性の要件が必要となります。損害の重大性については、考慮事項が法定されていますので、必ず指摘することが必要です。

差止訴訟の訴訟要件は、メイン論点の箇所ですので、次の消極的要件とともに、しっかり論述することが重要です。

(2) 消極的要件～補充性

消極的要件として、損害を避けるため他に適当な方法がないこと（補充性）も必要ですので、積極的要件とともに指摘することが必要です。

(3) 原告適格

原告適格については、取消訴訟と同様、法律上の利益を有する者のみが有すること、原告適格の実質的拡大を図るべく、行政事件訴訟法9条

２項が準用されていることの２点が重要です。

３．本案勝訴要件

差止訴訟については、本案勝訴要件が法定されていますので、必ず指摘する必要があります。その際には、余力があれば、①行政庁がその処分・裁決をすべきでないことがその処分・裁決の根拠となる法令の規定から明らかであると認められることが覊束処分の場合、②行政庁がその処分・裁決をすることがその裁量権の範囲の逸脱・濫用と認められることが裁量処分の場合であることも指摘するとよいでしょう。

４．審理・仮の救済・判決

差止訴訟には、取消訴訟の規定のうち職権証拠調べの規定などの準用が認められていますので、この点について指摘するとよいでしょう。

これに対して、執行停止に関する規定は、仮の救済として、仮の差止めの申立てが法定されていますので、差止訴訟には準用されていません。差止訴訟の特徴の１つですので、必ず指摘することが必要です。

ポイント整理 差止訴訟の要件

		要件の内容
訴訟要件	蓋然性	蓋然性の程度については、行政庁が処分要件の外形的充足を認識していれば足りる
	損害の重大性	執行停止を受けることにより避けることができるような性質のものは、損害の重大性に当たらない
	補充性	損害の重大性の要件を満たす場合には、通常、補充性の要件を満たす
本案勝訴要件		①裁量の余地がない場合 ②裁量権の逸脱・濫用がある場合

参考答案　800字

1．意義

差止訴訟とは、行政庁が一定の処分・裁決をしようとしている場合に、行政庁がその処分・裁決をしてはならない旨を命ずることを求める訴訟をいう（行政事件訴訟法３条７項）。

意義

2．訴訟要件

(1)　訴訟要件として、①一定の処分・裁決がされることにより（蓋然性）、②重大な損害を生ずるおそれがある（損害の重大性）ことのほか、③損害を避けるため他に適当な方法がないことが必要である（37条の４第１項）。

損害の重大性は、損害の回復困難の程度を考慮し、損害の性質・程度、処分・裁決の内容等をも勘案する（37条の４第２項）。

蓋然性・損害の重大性・補充性

200字▶

(2)　原告適格として、法律上の利益を有する者であることが必要であり、その判断については、行政事件訴訟法９条２項の規定が準用される（37条の４第３項、４項）。

原告適格

400字▶

3．本案勝訴要件

差止めの請求が認められるためには、①行政庁がその処分・裁決をすべきでないことがその処分・裁決の根拠となる法令の規定から明らかであると認められるか、②行政庁がその処分・裁決をすることがその裁量権の範囲の逸脱・濫用と認められること（37条の４第５項）が必要である。

本案勝訴要件

4．審理・仮の救済・判決

600字▶

(1)　差止訴訟には、共同訴訟（17条）、職権証拠調べ（24条）等について、取消訴訟の規定が準用される（38条１項）。

審理

(2)　仮の救済として、仮の差止めの申立てが認められている（37条の５第２項）。

仮の救済

(3)　差止め判決は、処分・裁決をしようとしている行政庁その他の関係行政庁を拘束するが（拘束力、33条、38条１項）、原則として第三者効を有しない（32条１項不準用）。

判決

800字▶

以上

参考答案　1200字

1．意義

差止めの訴えとは、行政庁が一定の処分・裁決をすべきでないにかかわらずこれがされようとしている場合において、行政庁がその処分・裁決をしてはならない旨を命ずることを求める訴訟をいう（行政事件訴訟法３条７項）。

抗告訴訟の中で、事前救済の１類型として差止訴訟を設け

意義

ることにより、救済方法を多様化したものである。

200字▶
2．訴訟要件

(1) 蓋然性及び損害の重大性（積極的要件）

差止訴訟の積極的要件として、一定の処分・裁決がされることにより（蓋然性）、重大な損害を生ずるおそれがある（損害の重大性）ことが必要である（37条の4第1項本文）。損害の重大性は、損害の回復の困難の程度を考慮するものとし、損害の性質及び程度並びに処分又は裁決の内容及び性質をも勘案して判断する（37条の4第2項）。

蓋然性・損害の重大性

400字▶
(2) 補充性（消極的要件）

差止訴訟の消極的要件として、損害を避けるため他に適当な方法がないこと（37条の4第1項ただし書）が必要である。

補充性

(3) 原告適格

原告適格として、法律上の利益を有する者であることが必要であり、その判断については、行政事件訴訟法9条2項の規定が準用される（37条の4第3項、4項）。

原告適格

600字▶
3．本案勝訴要件

差止めの請求が認められるためには、①行政庁がその処分・裁決をすべきでないことがその処分・裁決の根拠となる法令の規定から明らかであると認められるか、②行政庁がその処分・裁決をすることがその裁量権の範囲の逸脱・濫用と認められること（37条の4第5項）が必要である。

本案勝訴要件

800字▶
4．審理・仮の救済・判決

(1) 審理

差止訴訟には、共同訴訟（17条）、職権証拠調べ（24条）等について、取消訴訟の規定が準用される（38条1項）。

審理

(2) 仮の救済

差止訴訟には執行停止の規定は準用されておらず、仮の救済は、仮の差止めによってなされる（37条の5第2項）。

仮の救済

1000字▶
(3) 判決

差止め判決は、取消訴訟の拘束力の規定の準用により、処分・裁決をしようとしている行政庁その他の関係行政庁を拘束する（33条、38条1項）。これに対し、第三者効の規定（32条1項）の準用はないから、差止め判決は、原則として第三者に対しては効力を有しない。

判決

以上

1200字▶

第35問 ★

（オリジナル問題）

行政事件訴訟法における当事者訴訟について、具体例をあげて論ぜよ。

重要論点

1．意義
2．形式的当事者訴訟
3．実質的当事者訴訟

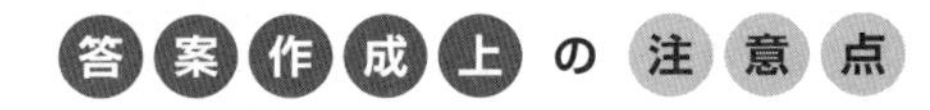

1．意義

本問は、当事者訴訟の一行問題ですので、まず当事者訴訟の意義、形式的当事者訴訟と実質的当事者訴訟の２つの類型があること示す必要があります。

また、本問では、「具体例をあげて説明せよ」と指定されていますので、具体例を検討する必要があります。

その際の説明の方法として、たくさんの事例を紹介する方法と、１つの具体例を定義に照らして丁寧に論述する方法とがありますが、暗記ではなく、理解していることを示すという観点から、本問では後者の方法で答案を作成しています。

2．形式的当事者訴訟

形式的当事者訴訟の特徴は、法令上、当事者訴訟の形式をとることですので、この点をしっかり指摘することが必要です。

形式的当事者訴訟の有名な事案として、①土地収用法133条に基づく収用委員会の裁決のうち損失の補償に関する訴え、②ある特許に無効事由があるとして特許無効の審判を請求したが、同請求は成立しないとの審決を受けた者が、同審判の被請求人である特許権者を被告として提起する、同審決の取消しを求める訴訟がありますので、具体例として、いずれかをあげるのがよいでしょう。

3．実質的当事者訴訟

実質的当事者訴訟の特徴は、訴訟物が公法上の法律関係であることですので、この点をしっかり指摘することが重要です。

実質的当事者訴訟の有名な事案として、国籍確認訴訟、公務員の俸給請求訴訟、公務員の地位確認の訴えがありますので、具体例として、いずれかをあげるのがよいでしょう。

ポイント整理 当事者訴訟

	形式的当事者訴訟	実質的当事者訴訟
意義	当事者間の法律関係を確認し又は形成する処分・裁決に関する訴訟で法令の規定によりその法律関係の当事者の一方を被告とするもの（4条前段）	公法上の法律関係に関する確認の訴えその他の公法上の法律関係に関する訴訟（4条後段）
具体例	①土地収用法133条に基づく収用委員会の裁決のうち損失の補償に関する訴え ②自然公園法53条に基づく損失の補償に関する訴え ③ある特許に無効事由があるとして特許無効の審判を請求したが、同請求は成立しないとの審決を受けた者が、同審判の被請求人である特許権者を被告として提起する、同審決の取消しを求める訴訟 ④著作権者が著作権利用者を被告として提起する補償金額に関する訴え	①国籍確認訴訟 ②公務員の俸給請求訴訟 ③公務員の地位確認の訴え ④行政主体に対する損失補償請求の訴え ⑤薬局の開設を登録制から許可制に改めた薬事法の改正が憲法に違反するとして、旧法に基づく登録をして薬局を開設していた者が、国を被告として提起する、新法に基づく許可を受けなくても薬局の開設ができる権利があることの確認を求める訴訟
出訴の通知	必要（39条）	不要
教示義務	あり（46条3項）	なし

参考答案　800字

1．意義

当事者訴訟とは、①当事者間の法律関係を確認し又は形成する処分・裁決に関する訴訟で法令の規定によりその法律関係の当事者の一方を被告とするもの（形式的当事者訴訟）、②公法上の法律関係に関する確認の訴えその他の公法上の法律関係に関する訴訟（実質的当事者訴訟）をいう（行政事件訴訟法4条）。

意義・類型

2．形式的当事者訴訟

200字▶

形式的当事者訴訟は、処分・裁決を争う訴訟であるのに、抗告訴訟ではなく、法令の規定により特に当事者訴訟の形式をとるものである。

形式的当事者訴訟

例えば、土地収用法133条に基づく収用委員会の裁決のうち損失の補償に関する訴えがあり、これは、収用委員会の裁決について、損失補償額に争いがある場合、土地所有者と起業者との間で当事者訴訟を提起するものである。

具体例

400字▶

本来、収用委員会が行った裁決を対象として抗告訴訟を提起すべきであるが、法律上、裁決の取消しを求めるのではなく、補償金額については、補償金の支払いに関係する当事者間で直接争う当事者訴訟を提起すべきであるとされているのである。

3．実質的当事者訴訟

600字▶

実質的当事者訴訟は、公法上の法律関係を訴訟物とする訴えの類型である。

実質的当事者訴訟

例えば、私企業に対して社員たる地位の確認を求める紛争は、私法上の法律関係を訴訟物とする私的紛争であり、民事訴訟を提起することになるのに対して、公務員たる地位の確認を求める紛争は、公法上の法律関係を訴訟物とする紛争であり、実質的当事者訴訟を提起することになる。

具体例

以上

800字▶

参考答案　1200字

1．意義

当事者訴訟とは、①当事者間の法律関係を確認し又は形成する処分・裁決に関する訴訟で法令の規定によりその法律関係の当事者の一方を被告とするもの（形式的当事者訴訟）、②公法上の法律関係に関する確認の訴えその他の公法上の法律関係に関する訴訟（実質的当事者訴訟）をいう（行政事件

意義・類型

訴訟法４条)。

200字▶

当事者訴訟と民事訴訟

当事者訴訟は、権利主体が対等な立場で権利関係を争う「権利訴訟」で、訴訟の構造や審理手続は通常の民事訴訟と基本的に変わらない。

ただ、民事訴訟が当事者の私権をめぐる私的紛争を対象とするのに対して、実質的当事者訴訟は、公権の主張を審理の対象（訴訟物）とする点において、民事訴訟と異なる。

2．形式的当事者訴訟

400字▶

形式的当事者訴訟

形式的当事者訴訟は、処分・裁決を争う訴訟であるのに、抗告訴訟ではなく、法令の規定により特に当事者訴訟の形式をとるものである。

具体例

例えば、土地収用法133条に基づく収用委員会の裁決のうち損失の補償に関する訴えがあり、これは、収用委員会の裁決について、損失補償額に争いがある場合、土地所有者と起業者との間で当事者訴訟を提起するものである。

600字▶

本来、収用委員会が行った裁決を対象として抗告訴訟を提起すべきであるが、法律上、裁決の取消しを求めるのではなく、補償金額については、補償金の支払いに関係する当事者間で直接争う当事者訴訟を提起すべきであるとされているのである。

3．実質的当事者訴訟

実質的当事者訴訟

実質的当事者訴訟は、公法上の法律関係を訴訟物とする訴えの類型である。

800字▶

具体例

例えば、私企業に対して社員たる地位の確認を求める紛争は、私法上の法律関係を訴訟物とする私的紛争であり、民事訴訟を提起することになるのに対して、公務員たる地位の確認を求める紛争は、公法上の法律関係を訴訟物とする紛争であり、実質的当事者訴訟を提起することになる。

実質的当事者訴訟の評価

実質的当事者訴訟は、公法・私法の二元的区分を前提とした法制度であるため、二元的区分を否定する見解から消極的評価がなされるが、実務上は実質的当事者訴訟の事例が多いことも指摘されていたことから、平成16年改正により、実質的当事者訴訟を明文化し、その活用をすべきとの立法者の意思が示されたのである。

1000字▶

以上

1200字▶

（オリジナル問題）

行政事件訴訟法に規定する民衆訴訟について、例をあげて説明せよ。

重要論点

1．意義
2．具体例
3．性格
4．準用規定

1．意義

本問は、民衆訴訟の説明が要求されている一行問題ですので、まず意義の検討が必要となります。ここでは、行政事件訴訟法5条に掲載されている定義を指摘する必要があります。

2．具体例

本問は、単に民衆訴訟の説明を求める問題ではなく、「例をあげて説明せよ」と出題者からのリクエストがありますので、出題の意図に沿うように、しっかり具体例を示すことが必要です。

それとともに、そもそも客観訴訟は、次の3．性格で検討するように、行政の客観的な公正確保の見地から採用されたものですので、具体例を示す際にも、住民訴訟では財務行政の適正な運営の確保、選挙・当選の効力に関する訴訟では選挙の公正という「行政の客観的な公正確保」の内実を示し、客観訴訟の制度趣旨と具体例の制度趣旨とをリンクさせて指摘することも重要となります。

3．性格

民衆訴訟は、客観訴訟の1類型であることを指摘する必要があります。民衆訴訟の特徴として、①法律上の争訟（裁判所法3条1項）との関係、②政策上、司法的解決が望ましい領域での公正確保の必要性、そして③法律が特に認めた場合に限り認められることを必ず示す必要があります。

そして、③の趣旨が行政事件訴訟法42条に現れていることも、条文上の問題ですので、必ず指摘するようにしましょう。

4．準用規定

準用が認められていない規定は、性質上、準用できない又はすべきではないためであることが多いので、準用されていない事項を民衆訴訟の特徴と関連させて指摘できるとよいでしょう。

なお、民事訴訟の例によるとの部分において、立法論的に批判のあるところですが、立法論的な批判については、余力がある場合に触れる程度でよいでしょう。

ポイント整理 民衆訴訟

意義	国又は公共団体の機関の法規に適合しない行為の是正を求める訴訟で、選挙人たる資格その他自己の法律上の利益にかかわらない資格で提起するもの（行政事件訴訟法５条）
制度趣旨	法律上の争訟に当たらないが、行政の客観的な公正の確保の見地から、例外的に法律上認められたものである
原告適格	法律に定める者（42条）
具体例	①地方自治法上の住民訴訟（242条の2） ②公職選挙法上の選挙・当選の効力に関する訴訟（203条、204条、207条、208条）

参考答案　800字

1．意義

民衆訴訟とは、国又は公共団体の機関の法規に適合しない行為の是正を求める訴訟で、選挙人たる資格その他自己の法律上の利益にかかわらない資格で提起するものをいう（行政事件訴訟法５条）。

意義

2．具体例

民衆訴訟の具体例として、①地方自治法上の住民訴訟（地方自治法242条の２）、公職選挙法上の選挙・当選の効力に関する訴訟（公職選挙法203条、204条、207条、208条）がある。①は、地方公共団体の財務行政の適正な運営の確保を図るという公益的見地から、住民訴訟が認められたものである。②は、選挙の公正という公益のために選挙の効力に関する訴訟を提起できるのである。

200字▶

具体例

3．性格

民衆訴訟は、当事者間の権利義務に関する法律上の争訟（裁判所法３条１項）ではないが、行政の客観的な公正を確保する必要から、立法政策上、司法的解決が望ましい領域で、法律が特に認めた場合に限って認められた訴訟類型である。

400字▶

性格

行政事件訴訟法42条では、民衆訴訟は、法律に定める場合において、法律に定める者に限り提起することができるとして、その趣旨を明確にしている。

したがって、法律に特別の定めがない場合には、訴えは不適法として却下判決が言い渡される。

600字▶

4．民衆訴訟に準用される規定

当事者訴訟の規定が原則として民衆訴訟に準用され（43条３項）、明文規定のない部分は民事訴訟の例による（７条）。

準用規定

もっとも、民衆訴訟には、原告適格など主観訴訟を前提とする規定は、準用されていない。

800字▶

以上

参考答案　1200字

1．意義

民衆訴訟とは、国又は公共団体の機関の法規に適合しない行為の是正を求める訴訟で、選挙人たる資格その他自己の法律上の利益にかかわらない資格で提起するものをいう（行政事件訴訟法５条）。

意義

2．具体例

民衆訴訟の具体例として、①地方自治法上の住民訴訟（地方自治法242条の2）、公職選挙法上の選挙・当選の効力に関する訴訟（公職選挙法203条、204条、207条、208条）がある。

①については、違法な財務会計上の管理運営を正して、地方公共団体の財務行政の適正な運営の確保を図るという公益的見地から、住民訴訟が認められたものである。

②については、選挙人が投票した候補者が当選した場合でも、違法な選挙が行われた場合、自己の個人的利益が侵害されたかどうかとかかわりなく、選挙の公正という公益のために選挙の効力に関する訴訟を提起できるのである。

具体例

200字▶

400字▶

3．性格

民衆訴訟は、当事者間の権利義務に関する法律上の争訟（裁判所法3条1項）とはいえないが、行政の客観的な公正を確保する必要から、立法政策上、司法的解決が望ましい領域で、法律が特に認めた場合に限って認められた客観訴訟である。

行政事件訴訟法42条では、民衆訴訟は、法律に定める場合において、法律に定める者に限り提起することができるとして、その趣旨を明確にしている。

したがって、法律に特別の定めがない場合には、訴えは不適法として却下判決が言い渡される。

性格

600字▶

4．民衆訴訟に準用される規定

(1) 民衆訴訟には、主観訴訟を想定した規定、具体的には原告適格、自己の法律上の利益に関係しない違法の主張制限の規定は、準用されていない。

また、民衆訴訟には、39条、40条1項の規定を除き当事者訴訟の規定が準用される（43条3項）。

(2) もっとも、訴訟手続の定めなど明文規定のない部分については、民衆訴訟も行政事件訴訟である以上、民事訴訟の例によることになる（7条）。

ただし、立法論として、民衆訴訟の公益性の高さから、職権探知主義の採用等、客観訴訟の性格に照らした手続の整備が主張されている。

以上

準用規定

800字▶

1000字▶

1200字▶

第37問 ★

（オリジナル問題）

機関訴訟について説明せよ。

重要論点

1．意義
2．性格
3．具体例
4．準用規定
5．行政主体と私人の相対化

1．意義

本問は、機関訴訟の一行問題ですので、まず意義の検討が必要となります。ここでは、行政事件訴訟法6条に掲載されている定義を指摘する必要があります。

2．性格

機関訴訟は、客観訴訟の1類型であることを指摘する必要があります。性格に関する指摘は、本問における中心かつ重要論点ですので、①法律上の争訟（裁判所法3条1項）との関係、②政策上、司法的解決が望ましい領域での公正確保の必要性、そして③法律が特に認めた場合に限り認められることを必ず示す必要があります。

そして、③の趣旨が行政事件訴訟法42条に現れていることも、条文上の問題ですので、必ず指摘するようにしましょう。

3．具体例

本問のような抽象的な問題については、具体例を示すなどして、具体的に論じることが重要ですので、機関訴訟の具体例を挙げることも重要です。

ただ、従来、機関訴訟の例とされてきたものについて、異論を唱える見解があります。この点については、余力があれば、紹介程度の記述で触れるのもよいでしょう。

4．準用規定

準用が認められていない規定は、性質上、準用できない又はすべきではないためであることが多いので、準用されていない事項を機関訴訟の特徴と関連させて指摘できるとよいでしょう。

5．行政主体と私人の相対化

機関訴訟は、機関相互間の争訟ですので、機関相互の関係といえるかが問題となることがあります。

その例としては、都道府県の国民健康保険審査会と国民健康保険事業の主体としての地方公共団体（保険者）との関係などがありますので（最判昭49.5.30）、具体的に論じる工夫をするためにも指摘できるとよいでしょう。

ポイント整理 機関訴訟

意義	国又は公共団体の機関相互間における権限の存否又はその行使に関する紛争についての訴訟（行政事件訴訟法６条）
制度趣旨	法律上の争訟に当たらないが、行政の客観的な公正の確保の見地から、例外的に法律上認められたものである
原告適格	法律に定める者（42条）
具体例	①地方自治法上の議会の議決・選挙に関する訴訟（176条７項） ②地方自治法上の国の関与に対して地方公共団体の機関が取消しを求める訴訟（251条の５） ③職務執行命令訴訟

参考答案　800字

1．意義

　機関訴訟とは、国又は公共団体の機関相互間の権限の存否・その行使に関する紛争の訴訟をいう（行政事件訴訟法６条）。

意義

2．性格

　機関相互の紛争は、当事者間の権利義務に関する法律上の争訟（裁判所法３条１項）ではないが、行政の客観的な公正を確保する必要から、立法政策上、司法的解決が望ましい領域で、法律が特に認めた場合に限って認められた訴訟類型である。

200字▶

　行政事件訴訟法42条では、法律の定めが必要であることを明確にしている。したがって、法律に特別の定めがない場合には、訴えは不適法として却下判決が言い渡される。

性格

3．具体例

　一般に機関訴訟の例として、①地方自治法上の議会の議決・選挙に関する訴訟（地方自治法176条７項）、②地方自治法上の国の関与に対して地方公共団体の機関が取消しを求める訴訟（251条の５）、③職務執行命令訴訟などがある。

400字▶

具体例

4．機関訴訟に準用される規定

　当事者訴訟の規定が原則として機関訴訟に準用され（行政事件訴訟法43条３項）、明文規定のない部分は民事訴訟の例による（７条）。もっとも、機関訴訟には、原告適格など主観訴訟を前提とする規定は、準用されていない。

600字▶

準用規定

5．行政主体と私人の相対化

　機関訴訟は、機関相互間の争訟であるが、現実の争訟が行政機関相互の争いなのかについて、不明な場合もある。

　例えば、都道府県の国民健康保険審査会と国民健康保険事業の主体としての地方公共団体（保険者）との関係について、行政機関内部と同様の関係に立つとした判例がある。

800字▶

行政主体と私人の相対化

以上

参考答案　1200字

1．意義

　機関訴訟とは、国又は公共団体の機関相互間における権限の存否又はその行使に関する紛争についての訴訟をいう（行政事件訴訟法６条）。

意義

2．性格

　機関相互の紛争は、当事者間の権利義務に関する法律上の

性格

争訟（裁判所法３条１項）ではないが、行政の客観的な公正を確保する必要から、立法政策上、司法的解決が望ましい領域で、法律が特に認めた場合に限って認められた訴訟類型である。

200字▶

行政事件訴訟法42条では、機関訴訟は、法律に定める場合において、法律に定める者に限り提起できるとして、その趣旨を明確にしている。したがって、法律に特別の定めがない場合には、訴えは不適法として却下判決が言い渡される。

3．具体例

400字▶

具体例

(1) 一般に機関訴訟の例として、①地方自治法上の議会の議決・選挙に関する訴訟（地方自治法176条７項）、②地方自治法上の国の関与に対して地方公共団体の機関が取消しを求める訴訟（251条の５）、③職務執行命令訴訟などがあげられてきた。

(2) ただ、これらについても、主観訴訟と解する余地があるとの見解も主張されるようになっている。

600字▶

例えば、②国の関与に関する訴え（地方自治法251条の５）も、「法律上の争訟」に行政権の主体として提訴する訴訟を含まない旨の限定を付さない立場を前提に、対等協力関係にある行政主体間の主観訴訟と捉える見解がある。

4．機関訴訟に準用される規定

準用規定

(1) 機関訴訟には、主観訴訟を想定した規定、具体的には原告適格、自己の法律上の利益に関係しない違法の主張制限の規定は、準用されていない。

800字▶

また、機関訴訟には、39条、40条１項の規定を除き当事者訴訟の規定が準用される（43条３項）。

(2) もっとも、訴訟手続の定めなど明文規定のない部分については、機関訴訟も行政事件訴訟である以上、民事訴訟の例によることになる（７条）。

5．行政主体と私人の相対化

1000字▶

行政主体と私人の相対化

機関訴訟は、機関相互間の争訟であるが、現実の争訟が行政機関相互の争いなのかについて、不明な場合もある。

例えば、都道府県の国民健康保険審査会と国民健康保険事業の主体としての地方公共団体（保険者）との関係については、行政機関内部と同様の関係に立つとして、保険者が審査会の裁決を争うことは認められないとした判例がある。

以上

1200字▶

第5章

国家賠償法・損失補償

第38問 ★★★

（特別区－平17）

国家賠償法に規定する公権力の行使に関する賠償責任について説明せよ。

重要論点

1．意義
2．要件

1．意義

国家賠償法１条の内容、責任の性質については、代位責任説と自己責任説がありますが、通説・判例は、公務員の故意・過失を要件としていること（１条１項)、公務員に対する求償権を定めていること（１条２項）から、代位責任説を採用しています。

2．要件

(1) 公権力の行使

まず、「公権力の行使」の意義については、狭義説、広義説、最広義説があり、通説・判例は、広義説を採用していますので、その内容とともに、公立学校での教育活動も１条の問題としていること（最判昭62.2.6）を示す必要があります。

この公権力の行使には、作為だけでなく、不作為も含まれます（最判平元.11.24)。

(2) 職務行為

職務行為については、通説・判例は外形標準説を採用していますので（最判昭31.11.30)、必ず内容とともに指摘する必要があります。

(3) 過失

過失については、客観的に認定しうるように、結果回避義務違反行為と捉えるようになっています（過失の客観化)。

(4) 違法性

違法性については、結果不法説と行為不法説の対立がありますが、判例・通説は、行為不法説を採用していますので、必ず指摘する必要があります。余力があれば、具体例として、パトカーの追跡行為が違法であるためには、追跡が職務目的を遂行する上で不必要であるか、具体的状況下において追跡の開始・継続・方法が不相当であることを要するとしている判例を指摘しても良いでしょう（最判昭61.2.27）。

そして、違法性の判断については、判例は、職務行為基準説を採用していますので、この点も必ず指摘する必要があります。

なお、違法性の判断につき職務行為基準説を前提とすると、国家賠償法の違法は、取消訴訟の違法性と異なることになりますので、この点について指摘してもよいでしょう（違法性二元論）。

ポイント整理　公権力の行使

		最広義説	広義説	狭義説
権力作用		○（1条）	○（1条）	○（1条）
非権力作用	私経済作用	○（1条）	×	×
	営造物の設置管理	○（1条）	×（2条による）	×（2条による）
	その他（教育活動等）	○（1条）	○（1条）	×

判例チェック　規制権限の不行使の違法：最判平元.11.24

事案	Xは、債務不履行を頻発していたA社が京都府知事から宅建業の免許を取り消されるまでの間に、A社所有の建売住宅として売り出したのを信じて本件土地建物の売買契約を締結したが、所有権を取得できず、損害を被った
結論	著しく不合理でない限り、権限の不行使は違法ではない
判旨	業者の不正な行為により個々の取引関係者が損害を被った場合であっても、具体的事情の下において、知事等に監督処分権限が付与された趣旨・目的に照らし、その不行使が著しく不合理と認められるときでない限り、権限の不行使は違法ではない

参考答案　800字

1．意義

国家賠償法１条は、公務員が他人に不法行為を行ったときに国・公共団体が賠償責任を負い、当該公務員は故意・重過失があるときは事後的に求償されるにとどまる旨規定する。

意義

この公権力の行使に基づく損害賠償責任は、国・公共団体が公務員に代位して負担するものである（代位責任説）。

責任の性質－代位責任

2．要件

200字▶

⑴　公権力の行使に基づく国家賠償責任の要件として、①国・公共団体の②公権力の行使に当たる③公務員が、④その職務を行うについて、⑤故意・過失によって⑥違法に⑦他人に損害を加えることが必要である。

要件

⑵　このうち、要件②の公権力の行使とは、国または公共団体の作用のうち、純粋な私経済作用と営造物の管理作用（２条）を除くすべての作用をいい、例えば、公立学校での教育活動も公権力の行使にあたることになる。

公権力の行使－広義説

400字▶

⑶　要件④の「職務行為」といえるかどうかは、被害者の救済という観点から、公務員の行為であって客観的にみて職務行為の外形を備えているかにより判断し、公務員の主観的意図は問わない（外形標準説）。

職務行為－外形標準説

⑷　要件⑤の過失は、行為者の内心の状態であるが、過失を客観的に認定しうるように、結果回避義務違反行為であると捉えるべきである（過失の客観化）。

過失－過失の客観化

600字▶

⑸　要件⑥の違法とは、行政作用が行為規範として決められている以上、結果の不法性ではなく、公務員の違法な行為に着目した法違反行為であり、職務上通常尽くすべき注意義務を尽くしたか否かにより判断される（職務行為基準説）。

違法性－行為不法・職務行為基準説

違法性の判断につき職務行為基準説を採用すると、過失の判断内容と実質的に重複することになる。

800字▶

以上

参考答案　1200字

1．意義

日本国憲法は、国家無答責の原則を排除し、憲法17条を受けて、国家賠償法を制定・施行している。

意義

国家賠償法１条は、公務員が他人に不法行為を行ったときに国・公共団体が賠償責任を負い、当該公務員は故意・重過失があるときは事後的に求償されるにとどまる旨規定する。

200字▶ この公権力の行使に基づく損害賠償責任は、本来責任を負うべき者が公務員であることを前提に、その責任を国・公共団体が公務員に代位して負担することを定めたものであると解される（代位責任説）。

責任の性質ー代位責任

2．要件

400字▶ (1) 公権力の行使に基づく国家賠償責任の要件として、①国・公共団体の②公権力の行使に当たる③公務員が、④その職務を行うについて、⑤故意・過失によって⑥違法に⑦他人に損害を加えることが必要である。

要件

(2) このうち、要件②の公権力の行使とは、国または公共団体の作用のうち、純粋な私経済作用と営造物の管理作用（2条）を除くすべての作用をいい、公立学校での教育活動も公権力の行使にあたる。また、公権力の行使には、行政庁の作為だけでなく、不作為も含まれる。

公権力の行使

600字▶ この不作為の事例として、行政庁が法律上の規制権限を行使しなかったため、規制の直接の相手方ではない第三者が損害を被る場合があり、この行政による規制権限の不行使は、法令の趣旨・目的やその権限の性質に照らし、著しく合理性を欠く場合には、被害者との関係で違法となる。

(3) 要件④の「職務行為」といえるかどうかは、被害者の救済という観点から、公務員の行為であって客観的にみて職務行為の外形を備えているかにより判断し、公務員の主観的意図は問わない（外形標準説）。

職務行為ー外形標準説

800字▶ (4) 要件⑤の過失は、行為者の内心の状態であるが、客観的に認定しうるように、結果回避義務違反行為と捉えるべきである（過失の客観化）。

過失ー過失の客観化

1000字▶ (5) 要件⑥の違法とは、行政作用が行為規範として決められている以上、結果の不法性ではなく、公務員の違法な行為に着目した法違反行為であり、職務上通常尽くすべき注意義務を尽くしたか否かにより判断される（職務行為基準説）。そして、違法性の判断につき職務行為基準説を採用すると、過失の判断内容と実質的に重複することになる。

違法性ー行為不法・職務行為基準説

また、違法性の判断につき職務行為基準説を前提とすると、国家賠償法の違法は、処分に係る特定の条項への違反が想定される取消訴訟の違法性と異なることになる（違法性二元論）。

違法性二元論

以上

1200字▶

第39問 ★★★

（特別区－平７）

公の営造物の瑕疵に対する国家賠償について説明せよ。

重要論点

1．意義
2．要件
3．道路管理の瑕疵
4．河川管理の瑕疵

1．意義

本問は、国家賠償法２条の一行問題ですので、まず、その特質を示す必要があります。

ここでは、国家賠償法１条と異なり、無過失責任の原則によっていることを必ず指摘する必要があります（最判昭45.8.20)。

2．要件

公の営造物の内容、設置・管理の瑕疵の意義は基本的事項ですので、指摘できるようにしましょう。

3．道路管理の瑕疵

ここでは、財政的制約、時間的制約に関する判例があるところですので、それぞれの指摘が必要です（財政的制約につき最判昭45.8.20、時間的制約につき最判昭50.6.26、最判昭50.7.25)

4．河川管理の瑕疵

河川管理については、財政的制約、社会的制約、技術的制約など種々の制約が判例上認められていますから（最判昭59.1.26)、道路管理の瑕疵との比較で指摘するようにしましょう。

ポイント整理 道路管理の瑕疵

		内容
財政的制約（高知落石事件：最判昭45.8.20）		本件道路における防護柵を設置するとした場合、その費用の額が相当の多額にのぼり、予算措置に困却するとしても、道路管理の瑕疵がなかったとはいえない
時間的制約	最判昭50.6.26	事故発生当時工事標識板、バリケード及び赤色灯標柱が道路上に倒れたまま放置されていたから、道路の安全性に欠如があったといわざるをえないが、それは夜間、しかも事故発生の直前に先行した他車によって惹起されたものであり、時間的に遅滞なくこれを原状に復し道路を安全良好な状態に保つことは不可能であった状況のもとでは、道路管理の瑕疵はない
	最判昭50.7.25	道路を常時巡視して応急の事態に対処しうる看視体制をとっていなかったために、本件事故が発生するまで故障車が道路上に長時間放置されていることすら知らず、故障車を知らせるためバリケードを設けるとか、道路の片側部分を一時通行止めにするなど、道路の安全性を保持するために必要とされる措置を全く講じていなかった状況のもとにおいては、道路管理の瑕疵がある

参考答案　800字

1．意義

国家賠償法２条は、公の営造物の設置管理の瑕疵に基づく損害賠償責任を定めており、本条は、１条と異なり、過失を要件としていないため、無過失責任の原則によっている。　意義

2．要件

(1)　公の営造物には、不動産のみならず動産、道路のような人工公物のみならず、河川のような自然公物も含まれる。　要件

さらに、行政主体が所有権を有する自有公物のみならず、私人が所有権を有する他有公物も含まれる。　200字▶

(2)　瑕疵とは、公の営造物の構造や性質など物自体に欠陥があって通常有すべき安全性を欠く状態にあることである。

そして、設置の瑕疵とは、当該営造物がその成立の当初から原始的に安全性を欠いていることをいい、管理の瑕疵とは、後発的に安全性を欠くに至ったことをいう。

公の営造物の管理者には、事実上の管理をしているにすぎない国又は公共団体も含まれる。　400字▶

3．道路管理の瑕疵

道路上の防護柵の設置につき予算措置が困難であるなど財政的制約は免責事由とはならない。　道路管理の瑕疵

他方で、夜間、しかも事故発生の直前に先行した他車によって惹起された等、時間的制約を考慮し、道路管理の瑕疵を否定することが認められている。　600字▶

4．河川管理の瑕疵

河川管理の瑕疵については、道路の場合と異なり、財政的制約、社会的制約、技術的制約が認められる。　河川管理の瑕疵

もっとも、改修済みの河川の安全性については、工事実施基本計画に定める規模の洪水における流水の通常の作用から予測される災害の発生を防止するに足りる安全性で足りる。

以上

800字▶

参考答案　1200字

1．意義

国家賠償法２条は、公の営造物の設置管理の瑕疵に基づく損害賠償責任を定めている。　意義

国家賠償法１条が公務員の故意・過失を国家賠償の要件として掲げ過失責任の原則を採用しているのに対し、２条は、過失を要件としていないため、無過失責任の原則によってい　性質

る。

200字▶ 2．要件

(1) 公の営造物

公の営造物には、不動産のみならず動産、道路のような人工公物のみならず、河川のような自然公物も含まれる。

さらに、行政主体が所有権を有する自有公物のみならず、私人が所有権を有する他有公物も含まれる。

公の営造物

(2) 設置・管理の瑕疵

400字▶ 瑕疵とは、公の営造物の構造や性質など物自体に欠陥があって通常有すべき安全性を欠く状態にあることである。

そして、設置の瑕疵とは、当該営造物がその成立の当初から原始的に安全性を欠いていることをいい、管理の瑕疵とは、後発的に安全性を欠くに至ったことをいう。

公の営造物の管理者は、法律上の管理権等の権原を有している者だけでなく、事実上の管理をしているにすぎない国又は公共団体も管理者に含まれる。

設置・管理の瑕疵

600字▶ 3．道路管理の瑕疵

(1) 財政的制約

道路上の防護柵の設置につき予算措置が困難であるなど財政的制約は免責事由とはならない。

道路管理の瑕疵

(2) 時間的制約

道路上に故障車が長時間放置され、原動機付自転車が衝突した事案では、道路管理に瑕疵があったとされる一方800字▶ で、夜間、しかも事故発生の直前に先行した他車によって惹起されたものであり、時間的に遅滞なく原状に復し道路を安全良好な状態に保つことは不可能であったという状況のもとでは、道路管理の瑕疵が否定される。

4．河川管理の瑕疵

道路の管理と異なり、河川管理には、膨大な費用がかかり（財政的制約）、用地買収など社会的制約のほか、技術的な制1000字▶ 約もあるから、同種・同規模の河川管理の一般的水準及び社会通念に照らし是認しうる安全性を備えているか否かにより判断される。

もっとも、改修済みの河川の安全性については、工事実施基本計画に定める規模の洪水における流水の通常の作用から予測される災害の発生を防止するに足りる安全性で足りる。

河川管理の瑕疵

以上

1200字▶

第40問 ★★★

（特別区－平20）

公法上の損失補償について説明せよ。

重要論点

1．意義
（1） 損失補償制度
（2） 憲法に基づく直接請求
2．損失補償の要否
3．損失補償の内容
（1） 完全補償と相当補償
（2） 支払時期

答案作成上の注意点

1．意義

（1） 損失補償制度

本問は、損失補償の一行問題ですので、まず制度の概要、根拠規定を指摘する必要があります。

（2） 憲法に基づく直接請求

法律上損失補償を認める規定はなくても、憲法違反とならず、憲法29条３項を直接の根拠として補償請求しうるとする最高裁判決（最大判昭43.11.27）がありますので、必ず指摘する必要があります。

2．損失補償の要否

損失補償が必要かどうかについては、特別の犠牲といえるかどうかにより判断され、その特別な犠牲かどうかは、従来、①形式的基準、②実質的基準により判断されてきました。近時、規制目的に着目した学説があるなど、損失補償の要否の基準について争いがありますが、いずれの見解によってもよいでしょう。

3．損失補償の内容

（1） 完全補償と相当補償

損失補償の内容については、完全補償説と相当補償説とがあります。この点について、種々の最高裁判決がありますが、憲法29条３項の「正当な補償」の内容は相当補償であり（最大判昭28.12.23、最判平

14.6.11）、土地収用法の損失補償の内容は完全補償である（最判昭48.10.18）と評価されています。

(2)　支払時期

支払時期に関する最高裁判決（最大判昭24.7.13）がありますので、この点も指摘できるようにしましょう。

ポイント整理　損失補償の内容

農地改革の補償 （最大判昭28.12.23）	＜相当補償＞ 憲法29条3項にいうところの財産権を公共の用に供する場合の正当な補償とは、その当時の経済状態において成立することを考えられる価格に基き、合理的に算出された相当な額をいうのであって、必しも常にかかる価格と完全に一致することを要するものでない
土地収用法の損失補償 （最判昭48.10.18）	＜完全補償＞ 土地収用法における損失の補償は、特定の公益上必要な事業のために土地が収用される場合、その収用によって当該土地の所有者等が被る特別な犠牲の回復をはかることを目的とするものであるから、完全な補償、すなわち、収用の前後を通じて被収用者の財産価値を等しくならしめるような補償をなすべきであり、金銭をもって補償する場合には、被収用者が近傍において被収用地と同等の代替地等を取得することをうるに足りる金額の補償を要する

参考答案　800字

1．意義

(1) 損失補償とは、適法な公権力の行使により、特定の者に財産上の特別の犠牲が生じた場合に、公平の理念に基づいて、その損失を補填するものである。

憲法29条３項は、この損失補償制度を明文化しており、財産権の保障とともに憲法上の制度として位置づけられている。

意義

200字▶

(2) そして判例は、法令に損失補償を定める規定がない場合であっても、この憲法29条３項を根拠に直接補償請求をする余地を認めている。

憲法29条３項と直接補償請求

2．損失補償の要否

損失補償が特別の犠牲に対する公平の観点からの救済であるとすれば、財産権の侵害に対する補償の要否は、ある私人の被った不利益が公平の観点に照らして特別の犠牲と見ることが妥当かという判断により決定される。

400字▶

そして、特別の犠牲といえるためには、①侵害行為が一般的か、特定人のみを対象とする個別的なものか（形式的基準）、②侵害が財産権の本質的内容を侵害するほど強度なものか（実質的基準）に照らして、総合的に判断される。

損失補償の要否

3．損失補償の内容

(1) 完全補償と相当補償

600字▶

憲法29条３項は、「正当な補償」が必要であるとしており、この「正当な補償」の意義については、①完全補償説と、②相当補償説がある。判例は、農地改革の補償の事例では相当補償説を採用したが、土地収用法の解釈では、完全補償説を採用している。

完全補償と相当補償

(2) 支払時期

補償の時期については憲法上明文規定はないから、補償の同時履行は保障されていない。

支払時期

800字▶

以上

参考答案　1200字

1．意義

損失補償とは、適法な公権力の行使により、特定の者に財産上の特別の犠牲が生じた場合に、公平の理念に基づいて、その損失を補填するものである。

憲法29条３項は、「私有財産は、正当な補償の下に、これを公共のために用ひることができる」と規定し、この損失補

意義

償制度を明文化している。

そして判例は、法令に損失補償を定める規定がない場合であっても、この憲法29条３項を根拠に直接補償請求をする余地を認めている。

憲法29条３項と直接補償請求

200字▶

2．損失補償の要否

損失補償制度の趣旨は、財産の収用によって特別の犠牲を課した者に対して、公平の観点からの救済措置を図るものである。そうだとすれば、財産権の侵害に対する補償の要否は、ある私人の被った不利益が公平の観点に照らして特別の犠牲と見ることが妥当かという判断により決定される。

損失補償の要否

400字▶

そして、特別の犠牲といえるためには、①侵害行為が一般的か、特定人のみを対象とする個別的なものか（形式的基準）、②侵害が財産権の本質的内容を侵害するほど強度なものか（実質的基準）に照らして、総合的に判断される。

3．損失補償の内容

(1)　完全補償と相当補償

600字▶

憲法29条３項は、「正当な補償」が必要であるとしており、この「正当な補償」の意義については、①完全補償説（財産の客観的価値の全部が補償される）と、②相当補償説（公正な算定基礎に基づいて算出した合理的金額が補償される）がある。

完全補償と相当補償

この点、判例は、農地改革の補償にかかる事例につき、憲法29条３項の正当な補償とは、当時の経済状態で成立する価格に基づき、合理的に算出された相当な額であるとして、相当補償説を採用した。

憲法29条3項の相当補償

800字▶

これに対し、土地収用法の解釈については、完全な補償すなわち、収用の前後を通じて被収用者の財産価値を等しくならしめるような補償を要するものと判断している。

土地収用法の完全補償

(2)　支払時期

補償の時期について、憲法上明文規定はないから、補償の同時履行は保障されていない。

支払時期

1000字▶

したがって、財産の供与と損失補償の支払が同時に履行されなくても、憲法違反ということはできない。

以上

1200字▶

第6章
情報公開法

第41問 ★

(都庁－平18)

行政機関の保有する情報の公開に関する法律（行政機関情報公開法）について説明せよ。

重要論点

1．総説
 (1) 目的
 (2) 定義～規律対象機関及び行政文書
2．行政文書の開示
3．不服申立て等

1．総説

(1) 目的

本問は、情報公開法の一行問題です。

制度に関する問題である場合には、その意義として定義・制度趣旨の検討が必要となりますが、本問では、制度を問う問題ではなく、情報公開法という法律に関する理解を問う問題ですので、総説として、①法の目的、②基礎用語の指摘が必要となります。

(2) 定義～規律対象機関及び行政文書

ここでは、上記②の定義に関する記述が必要となります。その際のポイントは、対象機関では「法２条１項所定の行政機関」であること、対象文書では「行政文書」ですので、指摘できるようにしておくとよいでしょう。

2．行政文書の開示

情報公開法は、行政機関が国民から行政機関保有情報の開示を求められた場合、不開示情報に該当するかどうかを判断し、当たらない場合に開示請求者に開示するというシステムを採用していますので、①開示請求者、②開示義務、③開示手続の指摘が必要となります。

①開示請求者については、日本国民だけでなく、外国人も含まれること、②開示義務については、開示が原則であること、③開示手続については、開示の方法として部分開示等があること、第三者の意見提出の機会の

付与があることの指摘が重要です。

3．不服申立て等

開示が拒否されることがありますので、不服申立ての検討も必要です。

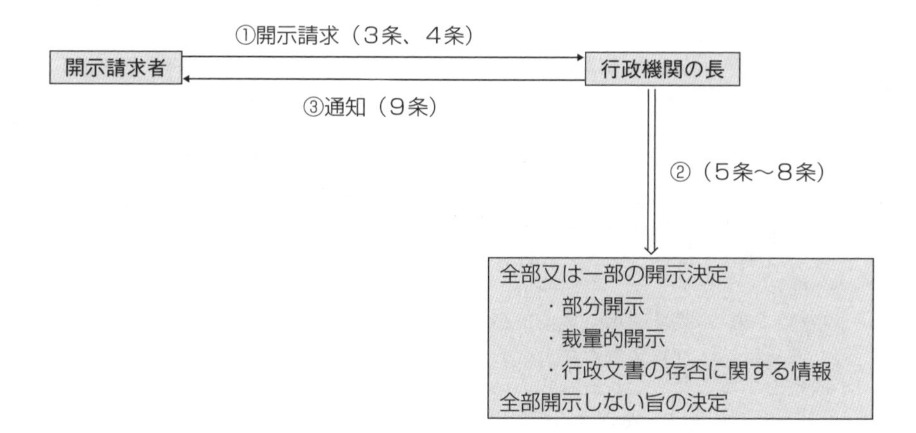

参考答案　800字

1．総説

(1)　目的

情報公開法の目的は、①国民主権の理念にのっとり、行政文書の開示請求権等につき規定すること、②行政機関の保有する情報の一層の公開を図り、国民への説明責務を果たし、公正で民主的な行政の推進に資することにある（1条）。

目的

200字▶

(2)　対象機関及び文書

規律対象となる機関は、法2条1項所定の行政機関であり、開示対象となるのは行政文書である（2条2項）。

対象機関・行政文書

2．行政文書の開示

(1)　開示請求は、何人も（3条）、手数料を支払い（16条）、書面をもってすることができる（4条）。

開示請求

(2)　行政機関は、個人に関する情報など不開示情報が含まれている場合を除き、開示しなければならない（5条）。

開示義務

400字▶

(3)　開示の方法として、全部開示、不開示のほか、部分開示（6条1項）、裁量開示（7条）がある。

さらには、行政文書の存否を明らかにしないで開示拒否決定をすることもできる（8条）。

開示の方法

開示決定等は、原則として、開示請求があった日から30日以内にしなければならない（10条）。

開示期間

600字▶

開示請求に係る行政文書に第三者情報が含まれる場合には、当該第三者に対して意見書提出の機会付与の措置がなされる（13条）。

第三者の意見書提出の機会付与

3．不服申立て等

開示決定等につき不服申立てがなされた場合、裁断をすべき行政機関の長は、原則として、情報公開・個人情報保護審査会に諮問しなければならない（19条1項）。

不服申立て

以上

800字▶

参考答案　1200字

1．総説

(1)　目的

情報公開法は、国民主権の理念にのっとり、行政文書の開示請求権を定める等により、行政機関保有情報の一層の公開を図り、政府の諸活動の国民への説明責務を果たすようにするとともに、国民の的確な理解と批判の下で公正で

目的

民主的な行政の推進に資することを目的とする（1条）。

200字▶

(2) 対象機関及び文書

対象機関

規律対象となる機関は、法2条1項所定の行政機関であり、国会、裁判所は除外される。

行政文書

規律文書は行政文書であり、国の行政機関の職員が職務上作成し、組織的に用いるものとして行政機関が保有している文書である（2条2項）。

2．行政文書の開示

400字▶

(1) 開示請求

開示請求

開示請求は、何人も（3条）、手数料を支払い（16条）、書面をもってすることができる（4条）。

(2) 開示義務

開示義務

開示請求を受けると、行政機関は、不開示情報が含まれている場合を除き、開示しなければならない（5条）。

不開示情報には、個人に関する情報、法人に関する情報、国の安全等に関する情報、公共の安全等に関する情報、審議・検討情報、事務・事業情報がある（5条各号）。

600字▶

(3) 開示手続

開示の方法

開示の方法として、全部開示・不開示のほか、可能な限り開示すべきとの方針の下、開示情報と不開示情報が混在する場合の部分開示（6条1項）、不開示情報であっても公益上の理由によりなされる裁量開示（7条）がある。

800字▶

もっとも、行政文書の存否を明示すると、不開示情報の趣旨を没却する場合には、行政文書の存否を明らかにしないで開示拒否決定をすることができる（8条）。

開示期間

開示決定等は、原則として、開示請求があった日から30日以内にしなければならない（10条）。

第三者の意見書提出の機会付与

開示請求に係る行政文書に第三者情報が含まれる場合には、第三者保護の見地から、意見書提出の機会付与の措置がなされる（任意につき13条1項、必要的につき同2項）。

1000字▶

3．不服申立て等

不服申立て

開示決定等は、行政処分であるから、開示請求者は、不開示決定等に対して、取消訴訟の提起のほか、行政不服審査法による不服申立てをすることができる。不服申立てがなされた場合、裁断をすべき行政機関の長は、原則として情報公開・個人情報保護審査会に諮問しなければならない（19条1項）。

1200字▶

以上

第7章

事例問題演習

　大阪府などの行政法の専門記述試験では、具体的事例を挙げて、その事例における行政法上の問題点や主張の適否を記述させる問題が出題されています。そこで、大阪府などの事例問題の形式を踏襲した本章のオリジナル問題を通じて、事例問題への対策を万全にしていただきたいと思います。
　事例問題が出題される地方上級の試験を受けられる方は、本書の一行問題で基本的な知識を身に付けた後に、チャレンジしてみてください。

第42問

(オリジナル問題)

次の仮定事例について下記の設問に答えなさい。

医療法人Aは、B県知事から医療法第7条第1項に基づく開設許可を得て、同県C地域にて、医療提供施設を運営してきた。

Aは、医療法第7条第2項5号にいう一般病床100床を新たに設け、療養病床数を100床に変更する旨の許可をB県知事に申請し、許可された（以下、「本件許可」という。）。本件許可の前から、医師Dは、C地域で適法に病院を開設し医療行為をしていた。

B県社会保険事務局長Eは、Dからの通報にもとづき、Aに対し、個別指導の実施についての通知書面を送付し、Aに対する個別指導を行い、不適正な保険医療がされていることを指摘して、改善を求めた。また、個別指導を行った結果、保険医療機関に付増請求や二重請求をさせているという疑いを抱いたため、患者調査を行った。

[設問]

(1)　Dは、本件許可につき、B県に対し取消訴訟を提起した。B県は、本件許可の取消訴訟において、Dは本件取消訴訟を提起する資格を有しないと主張した。この主張の適否について論ぜよ。

(2)　Aは、このままでは保険医療機関の指定取消処分がされるかもしれないと考え、Eの行った個別指導、患者調査を対象として取消訴訟を提起した。本件取消訴訟において、被告となったB県は、個別指導、患者調査は取消訴訟の対象とならないと主張した。この主張の適否について論ぜよ。

[参考条文]

○　医療法（昭和23年7月30日法律第205号）（抜粋）

第7条

病院を開設しようとするとき……は、開設地の都道府県知事……の許可を受けなければならない。

2　病院を開設した者が、病床数、次の各号に掲げる病床の種別（以下「病床の種別」という。）その他厚生労働省令で定める事項を変更しようとするとき……も、……前項と同様とする。

一～三　（略）

四　療養病床（病院又は診療所の病床のうち、前３号に掲げる病床以外の病床であつて、主として長期にわたり療養を必要とする患者を入院させるためのものをいう。以下同じ。）

五　一般病床（病院又は診療所の病床のうち、前各号に掲げる病床以外のものをいう。以下同じ。）

３　（略）

４　都道府県知事……は、前３項の許可の申請があつた場合において、その申請に係る施設の構造設備及びその有する人員が第21条及び第23条の規定に基づく厚生労働省令の定める要件に適合するときは、前３項の許可を与えなければならない。

５　（略）

第30条の３

厚生労働大臣は、良質かつ適切な医療を効率的に提供する体制の確保（以下「医療提供体制の確保」という。）を図るための基本的な方針（以下「基本方針」という。）を定めるものとする。

２　基本方針においては、次に掲げる事項について定めるものとする。

一　医療提供体制の確保のため講じようとする施策の基本となるべき事項

二　（略）

三　医療提供体制の確保に係る目標に関する事項

四　医療提供施設相互間の機能の分担及び業務の連携並びに医療を受ける者に対する医療機能に関する情報の提供の推進に関する基本的な事項

五、六　（略）

七　その他医療提供体制の確保に関する重要事項

３　（略）

1．取消訴訟の原告適格
2．取消訴訟の対象

1．取消訴訟の原告適格（設問⑴）

Ｄは、本件許可の相手方以外の第三者ですので、本件許可の取消訴訟の原告適格（行政事件訴訟法９条）を有するかが問題となります。

ここでは、Ａに対する許可処分によって侵害されるＤの利益の内容を特定し、具体的事実関係をも踏まえた上で、その利益が根拠法たる医療法においてＤの個別利益として保護されているかを解釈していくことになります。

個別利益として保護されているとすれば、Ｄには原告適格があることになります。これに対して、反射的利益にすぎないとすれば、Ｄに原告適格は認められないことになり、訴えは不適法ということになります。

2．取消訴訟の対象（設問⑵）

問題文に、「被告となったＢ県は、個別指導、患者調査は取消訴訟の対象とならないと主張した」とありますので、設問⑵は、個別指導、患者調査の処分性の問題であることがわかります。

処分性の意義に関する判例法理によると、行政指導たる個別指導と、行政調査たる患者調査はいずれも処分性が否定される可能性があります。

他方で、病院開設中止勧告の処分性が問題となった最高裁平成17年７月15日判決は、「医療法30条の７の規定に基づく病院開設中止の勧告は、医療法上は当該勧告を受けた者が任意にこれに従うことを期待してされる行政指導として定められているけれども、当該勧告を受けた者に対し、これに従わない場合には、相当程度の確実さをもって、病院を開設しても保険医療機関の指定を受けることができなくなるという結果をもたらすものということができる。」として、処分性を肯定しています。

そのため、本問でも、個別指導に従わない場合には、相当の確実さをもって、保険医療機関の指定取消処分がなされるという特殊事情が認められれば、処分性を肯定しうることになります。

参考答案　1200字

1．設問1について

取消訴訟の原告適格

(1)　本件許可処分の相手方以外の第三者Dに原告適格が認められるためには、行政事件訴訟法9条2項の解釈指針・考慮事項を踏まえつつ、「法律上の利益を有する者」（同1項）にあたることを要し、その利益は処分の根拠法令で公益に解消されない個別的利益として保護されていることを要する。

200字▶

(2)　Aに対する病床増設等許可処分により、同一医療圏Cで医業を行っていたDは、病床の過剰による病院間の過当競争やそれによる医療の質の低下及び病院の倒産を防止するという利益、Dらがそれまでに構築してきた医療体制の確保により良質かつ適切な医業を提供する利益を侵害されうる。

　しかし、「許可を与えなければならない」（医療法7条4項）との文言も踏まえると、医療法は医師の医業遂行の自由（憲法22条1項参照）の見地から、病床数の増加等の許可の判断において、専ら施設の構造設備・人員に関する基準のみ考慮し、他事考慮させない趣旨であることが看取できる。

400字▶

　とすれば、申請者が病床数を減少させたことにより、Dが享受する上記利益は反射的利益にすぎないから、Dは「法律上の利益を有する者」にあたらず、原告適格を有しない。

600字▶

2．設問2について

取消訴訟の対象

(1)　取消訴訟の対象となる「処分」とは、公権力の主体たる国又は公共団体の行為のうち、その行為によって、直接国民の権利義務を形成し又はその範囲を確定することが法律上認められているものをいう。

800字▶

(2)　Eの行為の中でも、個別指導は、「行政機関がその任務又は所掌事務の範囲内において一定の行政目的を実現するため特定の者に一定の作為又は不作為を求める指導、勧告、助言その他の行為」（行政手続法2条6号）という事実行為であって、Aに直接の法効果を発生させるわけではない。よって、処分性は否定される。

　また、患者調査は、行政調査、すなわち、行政機関が行政目的を達成するために必要な資料を収集する行為である。これも事実行為であり、調査により直接の法効果がAに生じるわけではないので、処分性は否定される。

1000字▶

以上

第43問

（オリジナル問題）

次の仮定事例について下記の設問に答えなさい。

A（69歳男性）は、昭和55年に普通乗用車の運転免許を取得し、約25年間にわたってタクシーの乗務員として稼働しており、平成23年1月頃は、B県C市所在の株式会社Dタクシーにおいて勤務していた。

Aは、平成22年11月20日午後2時32分、年齢85歳を超える乗客Eの荷物降ろしを手伝うため、タクシーを駐車し、Eの荷物をEの家の中まで運ぶのを手伝っていた。B県南署の甲巡査部長は、平成22年11月20日午後2時50分ころ、Aタクシーの駐車位置が、昭和45年8月5日から道路標識によって終日駐車を禁止した道路上になされた違法駐車（以下、「本件違反」という。）であることを現認した。

Aは、本件違反により、累積点数が免許の効力停止の点数に該当することになったため、このままでは本件違反に基づく運転免許の効力停止処分（以下、「本件処分」という。）がなされてしまうと考えた。

[設問]

本件違反を理由とした本件処分をAが阻止するために考えられる行政事件訴訟法上の法的手段について、本件処分がなされる前と後に場合分けした上で、要件を中心に論じなさい。

[参考条文]

○　道路交通法（昭和35年6月25日法律第105号）（抜粋）

（目的）

第1条　この法律は、道路における危険を防止し、その他交通の安全と円滑を図り、及び道路の交通に起因する障害の防止に資することを目的とする。

（駐車を禁止する場所）

第45条　車両は、道路標識等により駐車が禁止されている道路の部分及び次に掲げるその他の道路の部分においては、駐車してはならない。（以下、略）

（免許の取消し、停止等）

第103条　免許…を受けた者が次の各号のいずれかに該当することと

なつたときは、その者が当該各号のいずれかに該当することとなつた時におけるその者の住所地を管轄する公安委員会は、政令で定める基準に従い、その者の免許を取り消し、又は6月を超えない範囲内で期間を定めて免許の効力を停止することができる。（以下、略）

一～四　（略）

五　自動車等の運転に関しこの法律若しくはこの法律に基づく命令の規定又はこの法律の規定に基づく処分に違反したとき。（以下、略）

○　道路交通法施行令（昭和35年10月11日政令第270号）（抜粋）

（免許の取消し又は停止及び免許の欠格期間の指定の基準）

第38条　1～4　（略）

5　免許を受けた者が法第103条第1項第5号から第8号までのいずれかに該当することとなつた場合についての同項の政令で定める基準は、次に掲げるとおりとする。

一　（略）

二　次のいずれかに該当するときは、免許の効力を停止するものとする。

イ　一般違反行為をした場合において、当該一般違反行為に係る累積点数が、別表第三の一の表の第一欄に掲げる区分に応じそれぞれ同表の第七欄に掲げる点数に該当したとき。（以下、略）

備考

一　（略）

二　1～43　（略）

44　「放置駐車違反（駐車禁止場所等）」とは、法第45条第1項……の規定の違反となるような行為……のうち、その行為が放置行為に該当するときのもの又はその行為をした場合において放置行為をしたときのものをいう。（以下、略）

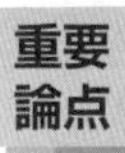

1．差止訴訟
2．執行停止の申立て

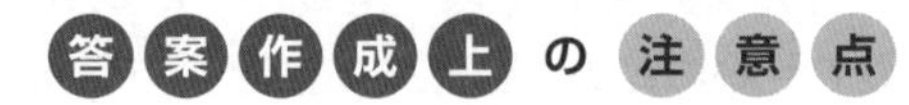

答案作成上の注意点

1．本件処分がなされる前の法的手段～差止訴訟

(1)　Aは、運転免許の効力の停止処分を受ける可能性がありますので、本件処分の差止めの訴えの訴訟要件を検討することになります。

(2)　差止めの訴えが認められるための要件は、①「一定の処分」により②「重大な損害を生ずるおそれがある」こと、消極要件として③「他に適当な方法が」ないことが必要です。②については、損害の回復の困難の程度を考慮するものとし、損害の性質及び程度並びに処分又は裁決の内容及び性質をも勘案して判断されます。

(3)　本問では、以上の要件を満たすかどうかの検討が必要となります。そして、答案の字数に余裕があれば、仮の差止めについて論述してもよいでしょう。

2．本件処分がなされた後の法的手段～取消訴訟＋執行停止の申立て

(1)　本件処分がなされた場合には、①同処分の取消しの訴えを提起するとともに、②執行停止の申立てを検討することになります。

(2)　執行停止が認められるための要件は、①本案訴訟の提起があったこと、②積極的要件として、「重大な損害を避けるための緊急の必要」性があること、③消極的要件として、「公共の福祉に重大な影響を及ぼすおそれ」のないこと、または「本案について理由がないとみえる」ことに該当しないことが必要です。②の「重大な損害」の有無は、「損害の回復の困難の程度を考慮するものとし、損害の性質及び程度並びに処分の内容及び性質をも勘案」して判断されます。

本問では、以上の要件を満たすかどうかの検討が必要となります。

参考答案　1200字

1．本件処分がなされる前の法的手段

(1)　本件違反により、運転免許の効力の停止処分がされる蓋然性が高いことから、Aとしては、本件停止処分の差止めの訴えを提起することが考えられる。

差止訴訟の可能性

(2)　本問では、本件処分という明確な処分が予定されている

①「一定の処分」

から、「一定の処分」の要件は満たす。

(3) 次に、「重大な損害を生ずるおそれがある」ことについては、損害の回復の困難の程度を考慮するものとし、損害の性質及び程度並びに処分又は裁決の内容及び性質をも勘案して判断される。

②損害の重大性

200字▶

この点、Aが69歳と高齢であり、直ちに職が見つかるような状況にないから、本件処分により、生活の維持が困難となるだけでなく、生命の危険に瀕することすらある。したがって、本件処分により重大な損害を生ずるおそれがある。

400字▶

(4) さらに、本件処分により、本件処分の取消訴訟の提起とともに、執行停止の申立てが可能であるが、いつ処分がなされるのか不明な現段階では、そのような救済方法の実現は困難である以上、「他に適当な方法」があるとはいえない。

③「他に適当な方法」

以上より、本件処分の差止めの訴えを提起しうる。

2．本件処分がなされた後の法的手段

600字▶

(1) 本件処分がなされた場合、①同処分の取消しの訴えを提起するとともに、②執行停止の申立てをすべきである。

取消訴訟＋執行停止

(2) まず、①取消訴訟について検討すると、処分性や原告適格、訴えの利益には問題はなく、その他の要件も満たしているから、訴訟要件は充足する。

①取消訴訟の可能性

したがって、Aは、本件処分の取消訴訟を提起しうる。

(3) では、②執行停止の申立てについてはどうか。

800字▶

ア．本問では、本件処分の取消訴訟の提起により、本案訴訟の提起要件を満たす。

②執行停止の申立て

イ．そして、「重大な損害を避けるための緊急の必要」性に関し、「重大な損害」の有無は、損害の回復の困難の程度を考慮するものとし、損害の性質及び程度並びに処分の内容及び性質をも勘案して判断される。

本問では、本件処分により、生活の維持が困難となるだけでなく、生命の危険に瀕することになるから、「重大な損害を避けるための緊急の必要」がある。

1000字▶

ウ．さらに、執行停止の申立てが認められても、「公共の福祉に重大な影響を及ぼすおそれ」や「本案について理由がないとみえる」事情はない。

エ．以上より、執行停止の申立ても認められる。

以上

1200字▶

第44問

（オリジナル問題）

次の仮定事例について下記の設問に答えなさい。

甲県乙市内にある丙土地改良区の住民は、同改良区に属する農地の宅地化による無計画な開発を防止するために、同改良区に属する農地について同改良区の資産を用いて土地区画整理事業（以下「本件事業」という。）を施行することを決議し、甲県知事丁に対して、土地区画整理組合A（以下「組合A」という。）の設立認可申請をした。これを受けて、知事丁は、組合Aの設立を認可した。

［設問］

組合Aの事業計画（以下「本件事業計画」という。）には施行区域内に幅5ないし6メートルの街路を設ける事項があったことから、Bの所有地は、道路新設工事のため土地の使用収益権能を他に移す必要が生じた。現在、組合Aの設立認可の日から1年6か月以上も経過していることから、Bは、所有地の一部の提供を阻止するために、本件組合A設立認可の無効確認の訴えの提起を検討している。この場合において、次の問いに答えなさい。

(1) 土地区画整理事業の事業計画は、当該土地区画整理事業の青写真たる性質を有するにすぎず、抗告訴訟の対象とならないとすることの適否について論じなさい。

(2) 組合A設立の認可が無効等確認訴訟の対象となるか否かについて、(1)の結論との整合性に配慮しつつ論じなさい。

(3) 本件事業計画は、市役所等で縦覧に供させたが、縦覧の開始から5日後の業務の終了時間に撤去されてしまったため、Bは、所有する土地を施行地区から除外することを求める旨の意見書を知事丁に提出することができなかった。この場合、組合A設立認可の無効等確認訴訟において、Bは、どのような本案上の主張をすることができるか。

［参考条文］

○土地区画整理法（昭和29年5月20日法律第119号）（抜粋）

第14条　…土地区画整理組合（以下「組合」という。）を設立しようとする者は、7人以上共同して、定款及び事業計画を定め、その組合の設立について都道府県知事の認可を受けなければならない。（以下、略）

第20条　都道府県知事は、第14条第1項の規定する認可の申請があつた場合においては、政令で定めるところにより、施行地区となるべき区域を管轄する市町村長に、当該事業計画を２週間公衆の縦覧に供させなければならない。（以下、略）

第22条　組合は、法人とする。

第25条　組合が施行する土地区画整理事業に係る施行地区内の宅地について所有権又は借地権を有する者は、すべてその組合の組合員とする。

２　（略）

第76条　次に掲げる公告があつた日後、第103条第４項の公告がある日までは、施行地区内において、土地区画整理事業の施行の障害となるおそれがある土地の形質の変更若しくは建築物その他の工作物の新築、改築若しくは増築を行い、又は政令で定める移動の容易でない物件の設置若しくはたい積を行おうとする者は、国土交通大臣が施行する土地区画整理事業にあつては国土交通大臣の、その他の者が施行する土地区画整理事業にあつては都道府県知事の許可を受けなければならない。

一～五　（略）

２、３　（略）

４　国土交通大臣又は都道府県知事は、第１項の規定に違反した者がある場合においては、これらの者に対して、相当の期限を定めて、土地区画整理事業の施行に対する障害を排除するため必要な限度において、当該土地の原状回復を命じ、又は当該建築物その他の工作物若しくは物件の移転若しくは除却を命ずることができる。

５　（略）

第86条　施行者は、施行地区内の宅地について換地処分を行うため、換地計画を定めなければならない。この場合において、施行者が 組合であるときは、国土交通省令で定めるところにより、その換地計画について都道府県知事の認可を受けなければならない。（以下、略）

第140条　第76条第４項の規定による命令に違反して土地の原状回復をせず、又は建築物その他の工作物若しくは物件を移転し、若しくは除却しなかつた者は、６月以下の懲役又は20万円以下の罰金に処する。

1. 土地区画整理事業計画の処分性
2. 土地区画整理組合設立認可の処分性
3. 取り消しうべき行政行為と無効な行政行為の区別基準

1．土地区画整理事業計画の処分性

土地区画整理事業計画の処分性は、最高裁平成20年9月10日大法廷判決により、処分性を否定した判決（最大判昭41.2.23、最判平4.10.6）を変更し、肯定しています。

2．土地区画整理組合設立認可の処分性

最高裁昭和60年12月17日判決は、組合設立の認可が施行地区内の宅地の所有者等をすべて強制的にその組合員とした組合を成立させること、事業の施行権限を付与する効力を有することを理由に処分性を肯定します。

これと、土地区画整理事業計画の決定の処分性を否定した最高裁昭和41年2月23日大法廷判決との整合性が問題となっていましたが、前記最高裁平成20年9月10日大法廷判決により処分性が肯定されたことにより、両者の整合性がとれる結論に至ったということができるでしょう。

3．取り消しうべき行政行為と無効な行政行為の区別基準

無効確認の訴えが認められるには、その本案上の主張として、設立認可が無効であると主張しなければなりません。

無効な行政行為とは、重大かつ明白な瑕疵がある場合をいい（最大判昭31.7.18、重大明白説）、瑕疵が「明白」とは、処分成立当初から、瑕疵の存在が処分の外形上客観的に明白であること、すなわち、処分庁の知・不知とは無関係に、何人の判断によってもほぼ同一の結論に到達しうる程度に明らかであることである（最判昭36.3.7、最判昭37.7.5、外観上一見明白説）と解するのが判例です。

本問では、縦覧期間が短く不十分であったという瑕疵の下でなされた認可に、重大な違法があり、かつ、明白な違法があるといえるかが問題となります。

参考答案　1200字

1．設問(1)について

(1) 抗告訴訟の対象である「行政庁の処分」とは、国又は公共団体が行う行為のうち、その行為によって、直接国民の権利義務を形成し又はその範囲を確定することが法律上認められているものをいう。

処分性の意義

(2) かつては、土地区画整理事業の事業計画は、当該土地区画整理事業の青写真たる性質を有するにすぎないとして、行政庁の処分に当たらないとされていた。しかし、事業計画が定められると、土地の変更等につき強制力を背景にした制限が付され（法76条１項、４項、法140条）、施行地区内の宅地所有者等は事業計画の手続に従って換地処分を受けるべき法的地位に直接的に立たされる。

200字▶

したがって、上記事業計画の決定は、抗告訴訟の対象となる「行政庁の処分」に当たる。

土地区画整理事業の事業計画の処分性

2．設問(2)について

400字▶

(1) 組合の設立認可がなされると（法14条1項)、組合は当然に法人となり（法22条)、施行地区内の宅地について所有権者等は、すべてその組合の組合員たる権利を強制的に有することになるから（法25条１項)、土地区画整理組合の設立認可は、個人の具体的な権利義務に変動を生じさせるものといえ、行政庁の「処分」に当たる。

土地区画整理組合の設立認可の処分性

(2) 土地区画整理組合の設立認可は、地方公共団体施行の土地区画整理事業計画の決定と同様の段階でなされる行政行為であるから、設問(1)での結論と整合性を有する。

600字▶

土地区画整理事業の事業計画との整合性

3．設問(3)について

(1) 事業計画は、２週間公衆の縦覧に供さなければならないから（法20条１項)、５日間の縦覧手続は違法である。

ただ、無効確認の訴えが認められるには、その対象が無効な行政行為でなければならない。

800字▶

この無効な行政行為とは、重大かつ明白な瑕疵がある場合をいい、瑕疵が明白とは、処分成立当初から、瑕疵の存在が処分の外形上客観的に明白であること、すなわち、処分庁の知・不知とは無関係に、何人の判断によってもほぼ同一の結論に到達しうる程度に明らかであることである。

取り消しうべき行政行為と無効な行政行為の区別基準

(2) 縦覧手続の趣旨は、利害関係人の意見書提出の機会を保障するものであり、その違法性は重大である。また、日数が不十分であることは、外形上客観的に明白である。

1000字▶

以上より、Bは、著しく不十分であった縦覧手続の下でなされた認可は重大かつ明白な瑕疵であると主張できる。

以上

第45問

（オリジナル問題）

食品衛生法は、販売の用に供する食品を輸入しようとする者に、その都度厚生労働大臣への届出を要求している（食品衛生法27条）。そして、厚生労働大臣は、食品衛生上の危害の発生を防止するため必要があると認めるときは、輸入する者に対し、当該食品について、厚生労働大臣又は登録検査機関の行う検査を受けるべきことを命ずることができるとしている（食品衛生法26条３項）。この検査を経た後、食品衛生法に違反すると判断された食品等については、検疫所長は、輸入者に対し、「食品衛生法違反通知」を行い、積み戻し、廃棄又は食用外に転用するなど、必要な措置を行うように指導するよう通知することとしている（平成８年１月29日付け衛検第26号各検疫所長宛て厚生省生活衛生局長通知「輸入食品等監視指導業務基準」の８項）。

水産加工食品の輸入・販売等を業とする株式会社Ａは、フィリピン共和国に所在する会社が製造した「冷凍スモークマグロ切り身」（以下、「本件食品」という。）を輸入しようと考え、厚生労働大臣に輸入届出書を届けるために、成田検疫所長に対して輸入届出書を提出した。その後、Ａは、本件食品について、検査命令を受けた（以下「本件検査命令」という。）。この場合において、次の問いに答えなさい。

(1)　Ａは、本件検査命令を受けて、指定のＣ検査機関に本件食品の検査を依頼し、Ｃ検査機関の検査を受けた。その後に、本件検査命令に納得しないＡは、本件検査命令の取消訴訟を提起することが可能か否かについて論じなさい。

(2)　Ｃ検査機関の検査の結果、本件食品から衛生上危害を与える成分が検出されたことから、成田検疫所長は、Ａに対し、本件食品に関して、「食品衛生法違反通知書」により違反通知（以下「本件違反通知」という。）をした。不服申立ての方法を調査したＡは、本件違反通知は、違反の事実を伝えるに過ぎない観念の通知であり、取消訴訟の対象とならないことを理由に、取消訴訟を提起できないとの記述がみられた。この理由の適否について論じなさい。

(3)　本件食品は、鮮度の要求される生ものであることから、Ａは、直ちに本件食品の輸入許可を得るために、輸入届出済証の交付を受けたいと考えている。C検査機関は、どのような申立てをすることが考えられるかについて論じなさい。

重要論点

1．狭義の訴えの利益
2．通知の処分性
3．仮の義務付けの申立て

1．狭義の訴えの利益

設問(1)は、Aは、本件検査命令を受けて、食品検査を受けている以上、取消訴訟の訴訟要件の1つである狭義の訴えの利益の消滅の有無に関する問題であるとわかります。この点について、訴えの利益は消滅すると判示する下級審裁判例（東京地裁平成12年12月21日判決）があります。

2．通知の処分性

問題文に「本件違反通知は、違反の事実を伝えるに過ぎない観念の通知であり、取消訴訟の対象とならないことを理由」とありますので、設問(2)は、本件違反通知の処分性の問題であることがわかります。

そこでまず、処分の意義を検討した上で、その意義に照らし、本件違反通知が行政庁の処分にあたるのかの検討をすることになります。

この点に関して、本件違反通知により「直ちに輸入の許可が得られないという法的効果が発生するわけではない」として否定説もありますが、最高裁平成16年4月26日判決は本件通知の処分性を肯定しています。

3．仮の義務付けの申立て

設問(3)では、本件食品の輸入許可を得るために、輸入届出済証の交付を受けたいとありますので、義務付けの訴えの問題であるとわかります。

ただ、その本質的な理由は、本件食品が鮮度の要求される生ものであることに基因していますので、Aの意図を達成するためには、仮の義務付けの申立てを行う必要があります。

参考答案　1200字

1．設問(1)について

(1)　本件検査命令を受け入れて検査を受けた後に、本件検査命令の取消訴訟を提起することは可能か。

狭義の訴えの利益

(2)　この点、既に検査命令に従って検査を受け、この検査命令の結果についての通知を受けている場合には、検査を受ける義務を果たしている以上、本件検査命令の取消しを求める訴えの利益は消滅し、本件検査命令の取消訴訟は不適法として却下されるべきである。

200字▶

(3)　以上より、設問(1)の事情の下では、本件検査命令の取消訴訟を提起することはできない。

2．設問(2)について

(1)　本件違反通知は、違反の事実を伝えるに過ぎない観念の通知であることを理由に、本件違反通知を対象とした取消訴訟を提起できないのではないか。

処分性の意義

(2)　取消訴訟の対象となる行政庁の処分とは、公権力の主体たる国または公共団体が行う行為のうち、その行為によって、直接国民の権利義務を形成しまたはその範囲を確定することが法律上認められているものをいう。

400字▶

この点、本件違反通知により、以後の輸入手続の履践が困難となり、輸入許可が受けられなくなるという法的効力を有するに至る。

通知の処分性

したがって、本件違反通知は、本件食品輸入をする者の法的地位を形成またはその範囲を確定することが法27条により認められている趣旨のものといえ、取消訴訟の対象である「行政庁の処分」にあたる。

600字▶

(3)　以上より、本件違反通知を対象とした取消訴訟を提起できる。

3．設問(3)について

(1)　Aは、本件食品の輸入許可を得るため、輸入届出済証の交付を求める義務付け訴訟を提起することが考えられる。

仮の義務付けの申立て

800字▶

ただ、本件食品は、鮮度の要求される生ものであるから、義務付け訴訟の本案判決を待っていては、本件食品の商品価値を失いかねない。そこで、Aは、仮の義務付けの申立てをすべきことになる。

(2)　この仮の義務付けの申立てが認められるためには、義務付けの訴えの提起があったこと、申立適格を有すること、償うことのできない損害、緊急の必要の存在、本案について理由があるとみえること、公共の福祉に重大な影響を及ぼすおそれがあるときとはいえないことが必要である。

仮の義務付けの申立要件

1000字▶

以上

1200字 ▶

第46問

（オリジナル問題）

介護保険法は、都道府県知事は、①介護老人保健施設が、その業務に従事する従業者の人員の所定の員数を満たしていないときは当該介護老人保健施設の開設者に対し、期限を定めて、当該員数の従業者に関する基準を遵守すべきことを勧告することができること、②期限内に勧告に従わなかったときは、その旨を公表することができること、③正当な理由がなくてその勧告に係る措置をとらなかったときは、当該介護老人保健施設の開設者に対し、期限を定めて、その勧告に係る措置をとるべきことを命じ、又は期間を定めて、その業務の停止を命ずることができる旨規定する。

A県で介護保険事業を営むBは、従業者の所定の員数を満たしていないとして、A県知事から、人員確保の勧告を受けたことから、勧告に従わなかったことを公表（以下、「本件公表」という。）されることを阻止したいと考えている。この場合において、次の問いに答えなさい。

(1) Bは、A県に対して、本件公表は差止めの対象となると主張して、本件公表の差止訴訟を提起した。このBの主張の適否について、A県の反論を意識しつつ論じなさい。

(2) Bは、本件差止訴訟に関し、A県において違法性がないことを理由に請求棄却判決の言い渡しを受けた。その結果、本件公表により、入居者が減少し、損害を被ったとして、Bは、国家賠償請求訴訟を提起した。この場合において、A県は、抗告訴訟の違法性と国家賠償請求訴訟の違法性は同一であることを理由に、国家賠償請求は認められないと主張した。この主張の適否について論ぜよ。

1．公表の処分性
2．国家賠償請求と抗告訴訟の関係～違法性の一元論と二元論

1．公表の処分性（設問(1)）

本問は、Bは、「本件公表は差止めの対象となると主張」していますので、公表の処分性が問題となります。

この点、本件と同様の事案において、宇都宮地裁平成19年6月18日判決、控訴審の東京高裁平成19年11月13日判決は、いずれも公表の処分性を否定しています。

しかし、これに対しては、制裁的要素を有する公表は、権力的色彩の強い行為であるとして、処分性を肯定することも可能です。

なお、公表の処分性については、勧告の処分性とともに、大阪府などにおいて頻出の論点ですので、正確に理解しておきましょう。

2．国家賠償請求と抗告訴訟の関係～違法性の一元論と二元論（設問(2)）

本問は、「A県は、抗告訴訟の違法性と国家賠償請求訴訟の違法性は同一であることを理由」としていますので、違法性の一元論と二元論に関する問題となります。

国家賠償法の成立要件としての違法性については、結果不法説と行為不法説の対立がありますが、判例通説は、行為不法説を採用し、違法性の判断については、判例は、職務行為基準説を採用しています。これを前提とすると、国家賠償法の違法は、抗告訴訟の違法性と異なることになり、抗告訴訟における違法性が認められない場合においても、国家賠償法上の違法性は認められ得ることになります（違法性二元論）。

参考答案　1200字

1．設問(1)について

(1)　差止訴訟は、行政庁が一定の処分・裁決をしてはならない旨を命ずることを求める訴訟であり（行政事件訴訟法3条7項)、取消訴訟と同様、処分性が訴訟要件の1つとして要求される。

差止訴訟の対象

ここに「処分」とは、公権力の主体たる国又は公共団体が行う行為のうち、その行為によって、直接国民の権利義務を形成し又はその範囲を確定することが法律上認められているものをいう。

200字▶

本問では、本件公表につき処分性が認められるかが問題となる。

(2)　A県としては、本件公表は、国民に対して情報を提供するための事実行為であって、公表行為自体により国民の権利義務を形成し、又はその範囲を確定することが法律上認められているとはいえないから、処分性は否定されると主張することが考えられる。

公表の処分性

400字▶

しかし、行政指導への不服従という事実の公表は、市民への情報提供のみを目的とするものではなく、行政指導への服従を担保するための措置である色彩が強く、事業者にとって、不服従を理由とする制裁にほかならないものであり、事実上、事業者に行政指導への服従を強制する権力的色彩が強い行為である。

600字▶

したがって、制裁としての公表に対しては、処分性は認められるべきである。

2．設問(2)について

(1)　抗告訴訟の違法性と国家賠償請求訴訟の違法性は同一であるとするA県の主張は適当か。

違法性二元論

(2)　この点、行政作用が行為規範として決められている以上、国家賠償請求の成立要件としての違法は、結果の不法性ではなく、公務員の違法な行為に着目した法違反行為であり、職務上通常尽くすべき注意義務を尽くしたか否かにより判断される（職務行為基準説)。

800字▶

そして、違法性の判断につき職務行為基準説を前提とすると、国家賠償法の違法は、処分に係る特定の条項への違反が想定される抗告訴訟の違法性とは異なる（違法性二元論)。

1000字▶

このような結論は、法概念の相対性からすれば理論上問題はない。また、抗告訴訟は、行政庁の公権力の行使に関する不服を争う行政事件訴訟であるが、国家賠償請求訴訟は、民事訴訟として金銭賠償を求めるものであり、両者は、制度趣旨を異にし、違法性を同一と解する必然性もない。

(3) したがって、A県の主張は適当ではない。

以上

1200字▶

判例索引

公務員試験　論文答案集　専門記述　行政法

2016年1月25日　初　版　第1刷発行

編著者　公務員試験研究会
発行者　斎藤博明
発行所　TAC株式会社　出版事業部
（TAC出版）
〒101-8383 東京都千代田区三崎町3-2-18
電話 03(5276)9492（営業）
FAX 03(5276)9674
http://www.tac-school.co.jp

組　版　朝日メディアインターナショナル株式会社
印　刷　今家印刷株式会社
製　本　株式会社　常川製本

ISBN 978-4-8132-6564-1

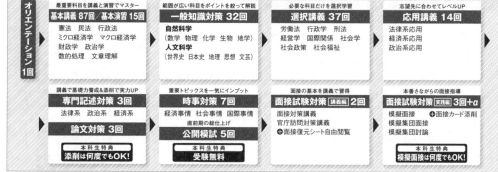

公務員講座のご案内

講義を体験

無料体験のご案内

3つの方法でTACの講義が体験できる!

教室で体験 迫力の生講義に出席

予約不要! 3回連続出席OK!

1. 校舎と日時を決めて、当日TACの校舎へ

TACでは各校舎で毎月体験入学の日程を設けています。お好きな校舎と日時をお選びいただき、当日校舎にお越しください。(ご予約は不要です)

2. オリエンテーションに参加(体験入学1回目)

初回講義「オリエンテーション」にご参加ください。終了後は個別にご相談をお受けいたします。ご質問やご相談がございましたら、講師やスタッフにお気軽にご相談ください。

3. 講義に出席(体験入学2・3回目)

引き続き、各科目の講義をご受講いただけます。TACの講義と教材をご自身の目でお確かめください。参加者には講義で使用する教材をプレゼントいたします。

- 3回連続無料体験講義の日程はTACホームページと公務員パンフレットでご覧いただけます。
- 体験入学はお申込み予定の校舎に限らず、お好きな校舎でご利用いただけます。
- 4回目の講義前までに、ご入会手続きをしていただければ、カリキュラム通りに受講することができます。

※地方上級・国家一般職レベル以外の講座では、2回連続体験入学を実施しています。

DVDで体験 校舎でDVD講義を体験視聴

TAC各校の個別DVDブースで、講義を無料でご視聴いただけます。(要予約)

DVD視聴に関するお問い合わせ 03-5276-8988
平日 9:30~19:00/土日祝 9:30~18:00

ビデオ(DVD)ルーム利用時間 ※日曜日は④の時間帯はありません。

① 9:30~12:30　② 12:30~15:30　③ 15:30~18:30　④ 18:30~21:30

※年末年始・夏期休業・その他特別な休業以外は、通常平日・土日祝祭日にご覧いただけます。
※予約時にご希望日とご希望時間帯を合わせてお申込みください。 ※視聴できる科目は時期により異なります。

TAC出版 書籍のご案内

TAC出版では、資格の学校TAC各講座の定評ある執筆陣による資格試験の参考書をはじめ、資格取得者の開業法や仕事術、実務書、ビジネス書、一般書などを発行しています!

TAC出版の書籍

資格・検定試験の受験対策書籍

- 日商簿記
- 建設業経理検定
- 全経上級
- 公認会計士
- 税理士
- 中小企業診断士
- 不動産鑑定士
- 宅地建物取引士
- マンション管理士
- 管理業務主任者
- 証券アナリスト
- ファイナンシャル・プランナー(FP)
- 社会保険労務士
- 行政書士
- 公務員 地方上級・国家一般職(大卒程度)
- 公務員 地方初級・国家一般職(高卒者)
- 情報処理技術者
- CompTIA

ほか

実務書、ビジネス書、一般書

- 資格取得者の開業法、仕事術、営業術
- 会計実務、税法、税務、経理、総務、労務、人事
- ビジネススキル、マナー、就職、自己啓発、エッセイ

ほか

刊行予定、新刊情報などのご案内は

TEL 03-5276-9492 [平日 9:30～17:30]

講座お問合わせ・パンフレットのご請求は

資格の学校TAC

0120-509-117 (ゴウカク イイナ) [月～金9:30～19:00 土日祝9:30～18:00]

携帯・PHS OK

※携帯・自動車電話・PHSからもご利用になれます。

本書へのご意見・ご感想は

Cyber Book Store内の「お問合せ」よりおよせください。

https://bookstore.tac-school.co.jp/

[トップページにございます「お問合せ」よりご送信いただけます]

公務員試験対策書籍のご案内

TAC出版の公務員試験対策書籍は、独学用、およびスクール学習の副教材として、各商品を取り揃えています。学習の各段階に対応していますので、あなたのステップに応じて、合格に向けてご活用ください!

入門

『秘伝 公務員になる!』
A5判
年度版
TAC公務員講座講師
山下 純一
- 公務員になるまでをシミュレーションする!
本文とマンガによるわかりやすい構成。受講生を持つTACだからできる企画!

INPUT

『まるごと講義生中継』
A5判
TAC公務員講座講師 郷原 豊茂 ほか
- TACのわかりやすい生講義を誌上で!
- 初学者の科目導入に最適!

・郷原豊茂の憲法
・郷原豊茂の民法Ⅰ　・郷原豊茂の民法Ⅱ
・郷原豊茂の民法過去問Ⅰ
・郷原豊茂の民法過去問Ⅱ
・郷原豊茂の刑法
・郷原豊茂の刑法
・新谷一郎の行政法　・マクロ経済学
・渕元哲の政治学　・渕元哲の行政学
・関野喬のパターンでわかる数的推理
・関野喬のパターンでわかる判断推理
・関野喬のパターンでわかる空間把握・資料解釈

『Vテキスト』A5判
TAC公務員講座
- TACが総力をあげてまとめた公務員試験対策テキスト

全23点
・専門科目：16点
・教養科目：7点

要点まとめ

『一般知識出るとこチェック』四六判

・政治・経済
・思想・文学・芸術
・日本史・世界史
・地理
・数学・物理・化学
・生物・地学

記述式学習

『公務員試験論文答案集 専門記述』A5判
公務員試験研究会

- 公務員試験(地方上級ほか)の専門記述を攻略するための問題集
- 過去問と新作問題で出題が予想されるテーマを完全網羅!

・憲法
・行政法

書籍の正誤についてのお問合わせ

万一誤りと疑われる箇所がございましたら、以下の方法にてご確認いただきますよう、お願いいたします。

なお、正誤のお問合わせ以外の書籍内容に関する解説・受験指導等は、**一切行っておりません。**
そのようなお問合わせにつきましては、お答えいたしかねますので、あらかじめご了承ください。

1 正誤表の確認方法

TAC出版書籍販売サイト「Cyber Book Store」の
トップページ内「正誤表」コーナーにて、正誤表をご確認ください。

CYBER BOOK STORE TAC出版書籍販売サイト

URL:https://bookstore.tac-school.co.jp/

2 正誤のお問合わせ方法

正誤表がない場合、あるいは該当箇所が掲載されていない場合は、書名、発行年月日、お客様のお名前、ご連絡先を明記の上、下記の方法でお問合わせください。
なお、回答までに1週間前後を要する場合もございます。あらかじめご了承ください。

文書にて問合わせる

●郵 送 先　〒101-8383 東京都千代田区三崎町3-2-18
TAC株式会社 出版事業部 正誤問合わせ係

FAXにて問合わせる

●FAX番号　**03-5276-9674**

e-mailにて問合わせる

●お問合わせ先アドレス　**syuppan-h@tac-school.co.jp**

お電話でのお問合わせは、お受けできません。

(2015年12月現在)